1ブック×1テクニックの基礎講座

BASIC OF BASIC 17
ベーシック・オブ・ベーシック

アップ　一束（すき毛あり）

技術解説　高畑克己・久保一三［FEERIE］

JOSEI MODE

introduction

はじめに

本シリーズでは、アップの基礎テクニックを、
基本的なスタイルをベースに、4巻に分けて解説していきます。

17巻からは、内側にすき毛を入れて結い上げるスタイルを学びます。
ここでは、基本的な「一束」と、
バックをひねり上げてつくる「ひねり一束」のスタイルを紹介。

すき毛を入れるとフォルムにメリハリがつき、立体感が増すため、
おもに和装や、格式の高いパーティスタイルに向くデザインになります。
難易度が少し高くなるので、
しっかりと復習しながら身につけていきましょう。

BASIC OF BASIC アップ
学習内容

一束＋スパイラルカール
▼
ひねり一束＋編み込み
▼
一束（すき毛あり）
▼
夜会（すき毛あり）

このシリーズで学ぶスタイル一覧

introduction

16巻で学ぶスタイル

ひねり一束＋スクリューカール

◀ アレンジスタイル

15巻で学ぶスタイル

一束＋フォワードスパイラルカール

◀ アレンジスタイル

重ね夜会＋ループカール＋バックコームカール

返し＋左右のフォワードスパイラルカール

三つ編み＋編み込み

ロープ編み＋フィッシュボーン

introduction

「アップ」シリーズでは、アップの基本的なスタイルをベースに、さまざまなカールやシニヨンの組み合わせなどを解説。17巻・18巻では、内側にすき毛を入れて結い上げるスタイルについて学ぶ。

重ね夜会(すき毛あり)＋クロスシニヨン

18巻で学ぶスタイル

◀ アレンジスタイル

一束(すき毛あり)＋バイアスシニヨン

17巻で学ぶスタイル

◀ アレンジスタイル

本夜会(すき毛あり)＋リバースシニヨン

◀ アレンジスタイル

ひねり一束(すき毛あり)＋トップボリューム

◀ アレンジスタイル

[復習] ゴムの結び方

 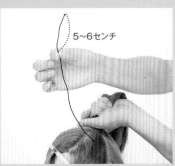  

4 ゴムの先を手前に向ける。

3 ゴムの先から5〜6センチの部分を、右手の親指と人差し指で持つ。

2 左手で毛束を持ったら、親指が浮かないよう注意する。

1 毛束をとかした後、左手の親指と人差し指で毛束の根元を持つ。

   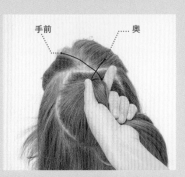

7 右手の親指と人差し指でゴムの両端を持ち、左手の親指と人差し指で根元のゴムをおさえる。

6 左手に持ったゴムをキープしたまま、右手でゴムを持つ。右手に持ったゴムを、時計回りに3〜4周させる。ゴムは毛先側ではなく、根元側に巻きつけていく。

5 毛束を持った左手の親指と人差し指で、ゴムの先を持つ。

   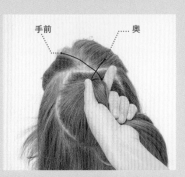

11 右手の薬指で、毛束の根元をおさえる。

10 ゴムの端を2回くぐらせる。

9 ゴムをクロスさせた部分を、右手の親指と中指で持つ。

8 左サイドのゴムが奥、右サイドのゴムが手前になるようにクロスさせる。

14 ゴムの端を5ミリ程度残してハサミで切る。

13 毛束の根元で結ぶ。
※2回くぐらせるだけで終了し、固結びにしない。

12 ゴムの両端を片方ずつ持つ。

復習 ピンの留め方

外留め

毛束をねじって土台に留めるときに用いる。ねじった毛束がゆるまないよう、1本のアメリカピンでしっかりと留める。

3 ピンを閉じて、奥までしっかりさし込む。

2 ねじった毛束の側面と土台とを薄くはさむようにして、毛先側からまっすぐにピンをさし込む。アメリカピンの短いほうが、ねじった毛束に入り、長いほうが土台に入る。

1 毛束をねじった状態を指でおさえてキープし、アメリカピンを広げて持つ。

毛束を上から下にねじったとき

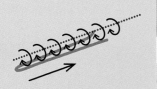

ねじった毛束は、土台にアンダー側で接するため、下からピンを打つ。

ねじった毛束の下側の側面と、土台とをはさむようにピンをさし込む。

毛束を下から上にねじったとき

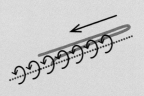

ねじった毛束は、土台にトップ側で接するため、上からピンを打つ。

ねじった毛束の上側の側面と、土台とをはさむようにピンをさし込む。

おさえ込み留め

ループ状にまとめた毛束などを、ネジピンを使いつつ、しっかりと土台に留めたいときに用いる。

5 ピンが見えなくなるところまで押し込む。

4 3の状態でピンを内側にさし込む。

3 毛束をおさえ込むようにして、ピンをそのまま真横に倒す。

2 上からネジピンをさし込む。

1 留めたい部分を指でおさえる。

平留め

毛束を平らな状態にして留めたいときに用いる。留める髪の量が多い場合は、アメリカピンを2本使って留める。

5 平留めを終えた状態。

4 ピンで留める髪の量が多い場合は、逆側からもピンを打ち、しっかりと留める。

3 そのままピンを奥まで打ち込む。

2 アメリカピンの長いほうを下にし、毛束と土台をはさむようにしてピンをさし込む。

1 毛束を平らにして指でおさえ、アメリカピンを広げた状態にして持つ。

CONTENTS

- 3 はじめに
- 9 **第1章**
  一束（すき毛あり）＋
  バイアスシニヨン
- 10 00.このスタイルをつくろう
- 11 01.土台をつくる
- 13 02.土台の外側を分けとる
- 14 03.土台の外側に地肌逆毛を立てる
- 19 04.すき毛を成形する
- 21 05.すき毛を土台にのせて整える
- 22 06.すき毛を土台に留める
- 23 07.方向性の逆毛を立てる
- 24 08.バックをとかす
- 25 09.バックサイドをブラッシングブラシでとかす
- 28 10.バックサイドをフィニッシングブラシでとかす
- 29 11.バックサイドをコームでとかす
- 32 12.左サイドを引きつめる
- 33 13.左サイドの毛先をループ状にまとめる
- 34 14.右サイドを引きつめる
- 35 15.右サイドの毛先をループ状にまとめる
- 36 16.バングを引きつめる
- 37 17. からみ逆毛を立てる ＆ すき毛を成形する
- 39 18.すき毛を留める
- 40 19.土台の毛束をすき毛の上にかぶせる
- 41 20.土台の毛先を内側に入れ込む
- 42 21.土台の毛先をまとめる
- 43 22.バックの毛先をまとめる
- 44 23.できあがり
- 45 アレンジスタイル
- 54 くらべてみよう！

- 55 **第2章**
  ひねり一束（すき毛あり）＋
  トップボリューム
- 56 00.このスタイルをつくろう
- 57 01.土台をつくる
- 58 02.土台の外側に地肌逆毛を立てる
- 59 03.すき毛（やわらかめのにんじん型）を成形し、土台に留める
- 61 04.土台の外側に方向性の逆毛を立てる ＆ バックサイドをとかす
- 62 05.土台の外側をひねり上げる
- 65 06.バックの毛先をまとめる
- 66 07.フロントとサイドをブロッキングする
- 67 08.左サイドをまとめる
- 69 09.右サイドをまとめる
- 70 10.トップに逆毛を立てる
- 72 11.バックトップにすき毛をのせる
- 73 12.トップの毛束をとかす
- 75 ＜まとめ＞逆毛の立て方
- 76 13.トップの毛束をコームでとかす
- 78 14.トップの毛先をコームでとかす
- 79 15.トップの毛先をまとめる
- 82 16.できあがり
- 83 アレンジスタイル
- 94 くらべてみよう！
- 95 ＜まとめ＞逆毛の種類と目的

第1章 一束（すき毛あり）＋バイアスシニヨン

17巻からは、内側にすき毛を入れて結い上げるスタイルを学びます。
第1章では、すき毛を入れた一束と
バイアスシニヨンを組み合わせたスタイルのつくり方を解説。
さらに、フロントとサイドに編み込みをあしらい、

このスタイルをつくろう

施術の流れ

最初に土台をつくり、土台の外側に逆毛を立て、すき毛をのせてピニング。土台の外側に、さらに逆毛を立てた後、バック全体を一束にまとめる。フロントとサイドは引きつめて、土台の毛束でトップにバイアスシニヨンをつくり、土台の外側をまとめた一束は三つ編みにしてまとめる。

一束（すき毛あり）＋バイアスシニヨン

バックに土台をつくり、すき毛を入れて一束にまとめる。さらに、トップにもすき毛をのせて土台の毛束をかぶせ、バイアスシニヨンをつくる。すき毛を入れずにつくるスタイルと、どこがどのように違うのかを確認しながら、作業を進めていこう。

❸土台の外側を一束に結い上げる。

❷結び目の下にすき毛を留める。

❶一束の土台をつくる。

❻土台をつくった一束の毛先でバイアスシニヨンをつくる。

❺土台をつくった一束の結び目の前にすき毛をのせる。

❹サイドとフロントを引きつめる。

このスタイルを学ぶとできるようになること

■ **ブラッシングのコツを学べる**
内側にすき毛を入れる場合、ブラッシングするときに注意しないと、内側のすき毛に引っかけてしまう。美しい面に仕上げるためのブラッシングのコツをつかもう。

■ **目的に合わせた逆毛の立て方が分かる**
すき毛を入れるスタイルに欠かせないのが逆毛。逆毛を立てる目的を理解しながら、作業を進めていこう。

■ **バイアスシニヨンのつくり方が身につく**
バイアスシニヨンは、すき毛の上に毛束をバイアス（斜め）にかぶせてつくるスタイル。美しい毛流れと面に仕上げるためのコーミング技法を覚えよう。

BASIC OF BASIC

01 土台をつくる

3 コームの歯でカーブを描くようにしながら髪を分けとっていく（※）。

2 正中線から2〜3センチ程度サイド寄りにずらしたところに、コームの歯をあてる。

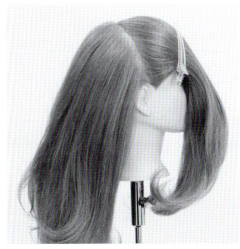

1 耳前と、トップポイントとゴールデンポイントの中間あたりを結ぶイヤーツーイヤーで全頭を前後に分ける。

6 分けとった髪を、ブラッシングブラシでとかす。最初に、毛束の下からブラシを入れ、中間〜毛先をとかす。

5 逆サイドも同様に、正中線から2〜3センチ程度サイド寄りにずらしたところにコームの歯をあて、コームをカーブさせて髪を分けとる。

4 耳後ろの生え際を4〜5センチ、衿足を3〜4センチ残し、正中線に向かって斜めにコームを下ろす。

※ 土台のかたち

髪を分けとるときに、コームの歯をまっすぐに下ろすと、サイドに残る分量が多くなってしまい、結い上げづらくなるので注意。

9 コームを入れたまま毛束を反時計回りに90度ねじり、左手で毛束の根元を持つ。

8 コームに持ちかえる。まずは、正中線と平行に、毛束の右側からコームを入れ、コームと右手の親指で毛束をはさんで持つ。

7 毛束を少しずつ高い位置に引き上げながら、毛先までとかす（※）。

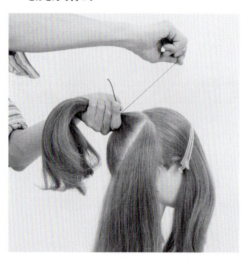

12 土台ができあがった状態。

11 ゴールデンポイントの高さにゴムで結わえる。

10 毛先までコームをスルーさせ、コームを抜く。

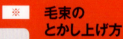 毛束のとかし上げ方

一束にまとめる毛束をブラシでとかすときは、一気にとかし上げるのではなく、毛束を少しずつ引き上げながらとかしていく。

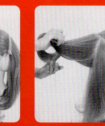

3 毛束の上からブラシを入れ、斜め上に毛束を持ち上げて、毛先までとかす。

2 毛束の上からブラシを入れ、1よりも高い位置に毛束を持ち上げて、毛先までとかす。

1 毛束の中間に、上からブラシを入れる。下に向かって、毛先までとかす。

BASIC OF BASIC

02 土台の外側を分けとる

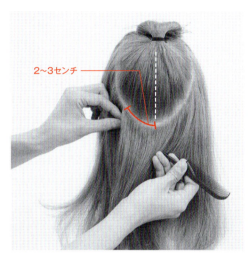
15 土台のセンターから逆サイドの2～3センチ程度上までを分けとる。

14 土台から1センチ程度外側の髪を、コームのテールをカーブさせながら分けとっていく。

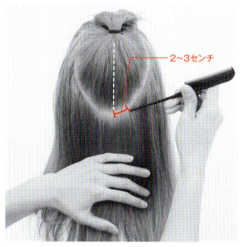
13 土台のセンターから、ブロッキングライン沿いに2～3センチ程度上の部分にコームのテールをあてる。

18 毛束の毛先側を持つ。次の工程からは、毛束の表面にある細かく短い髪をからませるようにして逆毛を立てていく。

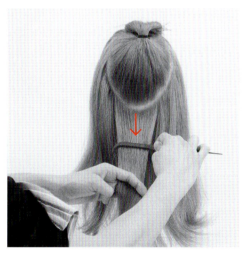
17 毛束の根元から毛先までコームでとかす。

16 分けとった毛束を左手に持つ。

5 もう一度、毛束の下からブラシを入れてとかし上げ、左手で毛束の根元を持つ。毛束を集める位置は、ゴールデンポイント上に設定。

4 毛束の下からブラシを入れ、毛束を引き上げながら毛先までとかす。

土台の外側に地肌逆毛を立てる

21 20でコームを離した位置よりも毛先側にコームの歯を入れる。

20 毛束の中間までコームをすべらせる。その後、毛束からコームを離す。

19 毛先側の表面にコームの歯を入れる。毛束は、土台のブロッキングラインに対して直角かつ、ダウンステムに引き出し、パネル表面に出ている短い髪をからませるように逆毛を立てていく（※1）。

横から見てみよう

横から見てみよう

横から見てみよう

※1 **地肌逆毛**

土台外側の内側に立てる「地肌逆毛」は、髪を結い上げたときに、すき毛と毛束のすき間をうめ、内側で毛束同士をからませることが目的。ここに逆毛を立てることで、一束にまとめやすくなる。

BASIC OF BASIC

22 20でコームをすべらせた位置よりも根元側までコームをすべらせる。その後、毛束からコームを離す。

23 22でコームを離した位置よりも毛先側にコームの歯を入れる。

24 逆毛を根元に集めるようにして、土台のブロッキングラインまでコームをすべらせる（※2）。

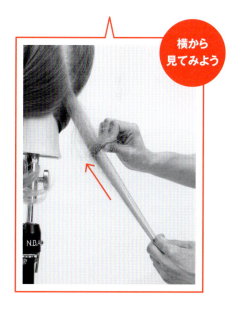

横から見てみよう

※2 根元まで逆毛を立てる

逆毛を立てるのをブロッキングラインの手前で止めてしまうと、毛束を結い上げたときに、不自然な厚みが出る原因となる。ブロッキングラインが見えなくなる程度を目安に、根元までしっかりと逆毛を立てる。

OK

根元まで逆毛を立てると、ブロッキングラインはぼんやりと見える程度。

NG

根元まで逆毛を立てていないと、ブロッキングラインはくっきりと見える。

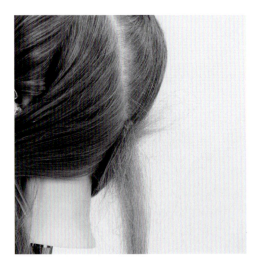

27 逆毛を立て終えた状態（※1）。

26 土台に沿わせて表面をなでるようにしながら、コームを上に抜く。

25 根元まで逆毛を立てたら、コームの歯を土台にしっかりと押しつける。

横から見てみよう

横から見てみよう

※1 こんな逆毛を目指そう

根元までしっかりと逆毛が立っていれば、コームを逆さにさしても抜けることはない。逆毛を立てるのに慣れていない場合は、これを目安にしよう。

BASIC OF BASIC

30 分けとった毛束をコームでとかす。

29 そのまま土台から1センチ程度外側を、コームをカーブさせながら分けとっていく。

28 15で分けとった毛束につなげるように、土台から1センチ程度外側にコームのテールをあてる。

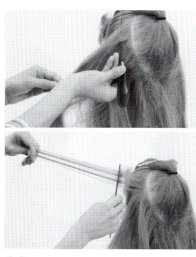

33 逆サイドも同様に、土台から1センチ程度外側を分けとり、コームで逆毛を立てる（※2）。

32 その上も、29で分けとった部分につなげるように、土台から1センチ程度外側を分けとり、コームで逆毛を立てる。

31 19〜27と同様に、毛束にコームの歯を入れ、コームを何度か上下させながら逆毛を立てる。

※2 逆毛を立てる毛束

この部分には逆毛を立てない

この部分に逆毛を立てる

土台の外側の毛束をとり、逆毛を立てる。ただし、11ページの1で前後に分けたイヤーツーイヤーパートに接する部分には、逆毛を立てない。

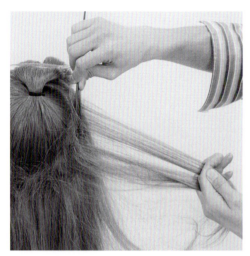

36 根元まで逆毛を立てたら、**26**と同様にコームの歯をぴったりと土台に沿わせながらコームを抜く。

35 **19～27**と同様に、毛束にコームの歯を入れ、コームを上下させながら逆毛を立てる。

34 逆毛を立てたパネルの端、毛束と毛束のつなぎ目となる部分の毛束を引き出す（※1）。

38 土台の外側に逆毛を立て終えた状態（※2）。

37 他の部分のつなぎ目も同様に毛束を引き出し、逆毛を立てる。

※2 **毛束と毛束のつなぎ目に逆毛を立てる**

38の後の状態　33の後の状態

つなぎ目は、逆毛の立ち具合が甘くなっている。この部分に改めて逆毛を立てることで、毛束と毛束の境目がなくなり、全体にしっかりと逆毛を立てることができる。

つなぎ目にも逆毛を立てた後のほうが、ブロッキングラインが隠れている。

※1 **「つなぎ目」とは？**

つなぎ目

13～33で土台外側に逆毛を立てるとき、何度かに分けて毛束をとった。「つなぎ目」とは、この毛束と毛束の間を指す。

04 すき毛を成形する

41 すき毛をちぎり取った状態。

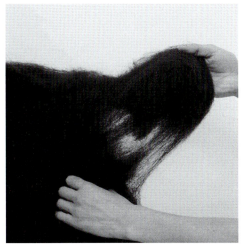

40 手のひらより少し大きいぐらいを目安に、ちぎり取る。

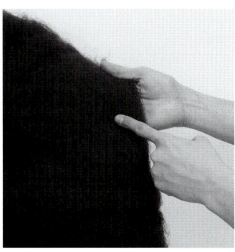

39 最初に、すき毛の大きな塊をチェック。面が平らできれいな部分を選ぶ。

44 端をさらにちぎり取る。

表
裏

43 ちぎり取ったほうのすき毛を、残したほうの裏側に足す。この場合、右手の甲側を表面にするので、表面にはすき毛を重ねないようにする。

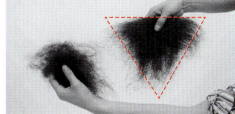

42 逆三角形をつくるよう意識しながら、すき毛の端をちぎる。

47 すき毛を両手ではさみ、しっかりと厚みが出ているかどうかを確認する（※2）。

46 ちぎり取ったすき毛を裏側に重ねた状態。中心に厚みが出るように、すき毛を重ねる（※1）。

45 ちぎり取ったすき毛を、裏側に重ねる。すき毛をちぎり取って裏側に重ねる工程を、何度か繰り返す。

50 すき毛の成形を終えた状態。端に出ている細かい毛は、後の工程で整えるため、この段階で端を整えすぎないようにしておく。

49 引っぱり出したすき毛を、裏側まで伸ばすようにして、すき毛をくるむ。

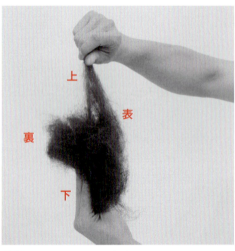

48 表面となる側の、逆三角形の上辺からすき毛を上に引っぱり出す。

※2　**厚みを出す**

両手ではさみ込んだときに、厚みが感じられず、つぶれてしまうのは×。

※1　**すき毛の重ね方**

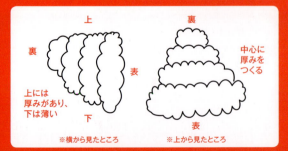

20

05 すき毛を土台にのせて整える

51 成形し終わったすき毛を土台にのせ、左手でおさえる。このとき、すき毛の上辺は、一束にまとめたゴムよりも高い位置にならないよう注意する。

52 すき毛の右端に右手を添える。

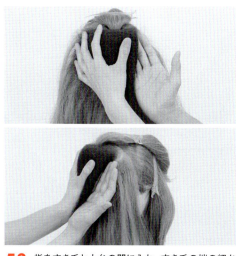

53 指をすき毛と土台の間に入れ、すき毛の端の細かい毛を内側に巻き込む。

54 右手を少し下に移動させ、52～53と同様にすき毛の端に右手を添えながら、すき毛の端の細かい毛を内側に巻き込む（※3）。

55 逆サイドは、すき毛を右手でおさえる。すき毛の左端に左手を添えながら、すき毛の端の細かい毛を内側に巻き込む。

56 衿足側は、指先を使って上に折り込むようにしながら内側に入れる。

※3 すき毛を整える順序

トップ側に厚みが足りない場合

 ←  ←

すき毛のトップ側に厚みが足りないときは、衿足側→トップ側の順にすき毛を整えると良い。

衿足側が薄い場合

 ←  ←

手でおさえて、すき毛の衿足側が薄すぎる場合は、トップ側→衿足側の順にすき毛を整える。

すき毛を土台に留める 06

57 すき毛を左手でおさえる。

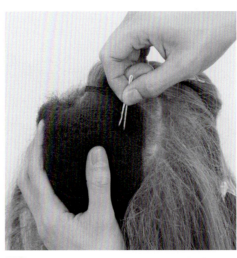

58 アメリカピンですき毛を土台に留める（※1）。

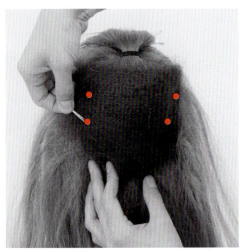

59 計4ヵ所にピニングする。衿足側を留めるときは、留める位置が下になり過ぎると、すき毛の端からピンが出てきてしまうので注意。

60 ピンで留めた部分は、すき毛がへこむため、コームの歯で表面を整える。

61 コームのテールを使って、すき毛全体の厚みを調整する。

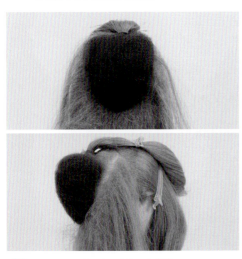

62 すき毛を土台に留め終わった状態。

※1 すき毛の留め方

1 すき毛の端から1センチ程度内側に、アメリカピンの長辺をさす。

2 ピンをさした状態のまま、すき毛の端がブロッキングラインにくるまでピンを引く。

3 頭皮にあたるまでピンを押し込む。

4 ピンの先が頭皮にあたったら、開いた状態のピンを閉じる。

5 ピンを横に倒す。

6 土台とすき毛をぬうようにしてピンをさし込んで留める。

BASIC OF BASIC

07 方向性の逆毛を立てる

65 すき毛に接していない側（外側）の中間〜毛先にコームの歯を入れて上下させ、逆毛を立てる（※2）。

64 引き出した毛束を、斜め上に向かって引く。

63 19〜38で逆毛を立てた、土台の外側の毛束を引き出す。

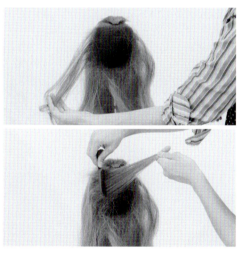

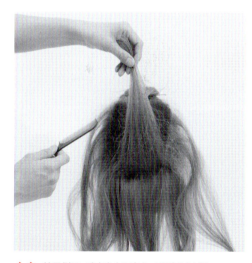

68 逆サイドも同様に毛束を引き出して、中間〜毛先に逆毛を立てる。19〜38で逆毛を立てた毛束の外側に、逆毛を立てていく。

67 毛束外側の中間〜毛先に逆毛を立てる。

66 衿足側は、毛束を上に向かって引き上げる。

※2 方向性の逆毛

19〜38では、土台外側の毛束の内側に逆毛を立てたのに対し、63〜68は、毛束の外側に逆毛を立てている。外側に逆毛を立てる目的は、毛束に方向性をつけること。こうすると、バックの髪が結い上げやすくなる。

63〜68 外側
毛束を方向づける

19〜38 内側
すき毛と毛束のすき間をうめる

バックをとかす 08

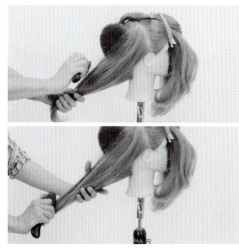

71 毛束の中間に上からブラシを入れ、毛束をやや持ち上げながら毛先までとかす。

70 ブラッシングブラシを毛束の上から入れ、毛先のみとかす。

69 土台外側の毛先を、下のほうで集める。

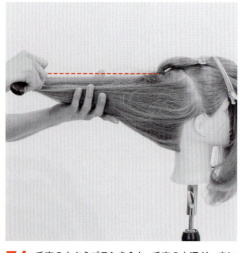

74 毛束の上からブラシを入れ、毛束の上辺が一束にまとめたゴムの結び目と同じ高さになるように持ち上げ、毛先までとかす。

73 毛束の上からブラシを入れ、**72**よりも高い位置に毛束を持ち上げながら、毛先までとかす。

72 再び毛束の中間に上からブラシを入れて、**71**よりも高い位置に毛束を持ち上げながら、毛先までとかす。

09 バックサイドをブラッシングブラシでとかす

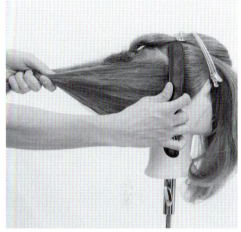

77 ブラシの側面をあてたまま、毛束の中間までブラシをすべらせる。

76 ブラシを回転させ、ブラシの側面を髪にあてる。

75 ブラッシングブラシをブロッキングラインにあてる。

上から見てみよう

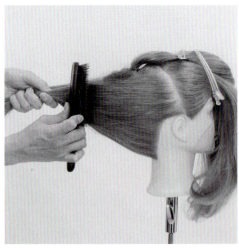

80 毛束の上から左手を添えて、ブラシで毛先までとかす。

79 すき毛を入れた位置を通過したらブラシを回転させ、ブラシの向きを**75**と同じ状態に戻す。テンションをかけて、右手の親指とブラシとで毛束をはさみ込む。

78 すき毛を入れた位置を通過するまで、ブラシの側面をあてたままスルー（※）。

上から見てみよう

上から見てみよう

上から見てみよう

※ とかすときの注意点

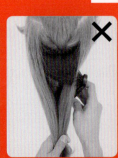

ブラシを回転させずに表面をとかすと、ブラシがすき毛に引っかかってしまうので注意。

BASIC OF BASIC

83 すき毛を入れた位置を通過したらブラシを回転させ、ブラシの向きを**75**と同じ状態に。

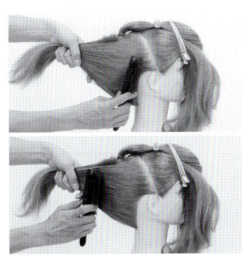

82 ブラシを回転させ、ブラシの側面を髪にあてる。**76~78**と同様に、すき毛を入れた位置まではブラシの側面をあてたままスルー。

81 その下は、生え際に合わせてブラシをあてる。

86 逆サイドも同様にとかす。

85 毛束にブラシの側面をあて、すき毛を入れた位置まではブラシを横にしたままスルー。すき毛を入れた位置を通過したら、ブラシを回転させて縦に起こす（ブラシの向きを**75**と同じ状態に）。

84 衿足は、生え際のかたちに合わせてブラシを横にあてる。

バックサイドをフィニッシングブラシでとかす

89 すき毛を入れた位置を通過したらブラシを回転させ、ブラシの向きを**75**と同じ状態に戻し、毛先までとかす。

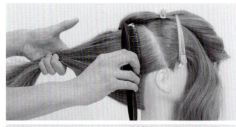

88 ブラシを回転させ、ブラシの側面を髪にあてる。すき毛を入れた位置を通過するまで、ブラシの側面をあてたまま、中間まですべらせて表面を整える。

87 スタイリング剤をつけたフィニッシングブラシに持ちかえる。**75**と同様、とかし始めはブラシをブロッキングラインにあてる。ブロッキングライン付近は、根元が浮きやすいので、しっかりとつぶす。

91 逆サイドも同様にとかす。

90 それ以降は、**81〜85**と同様にとかしていく。

BASIC OF BASIC

11 バックサイドをコームでとかす

94 すき毛を入れた位置を通過したら、コームの歯を毛束に対して直角になるように入れ、しっかりとかませる。

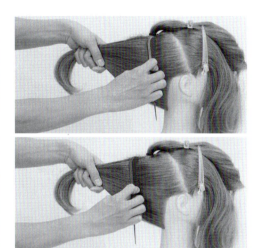

93 コームの歯を寝かせたまま、毛束の中間までコームをすべらせる。

92 フィニッシングブラシでとかした後は、コームに持ちかえる。とかし始めは、コームの歯を寝かせてブロッキングラインにあてる。

97 その下も、92〜96と同様にとかす。

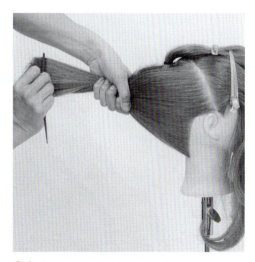

96 左手で毛束を持ち、毛先までとかす。

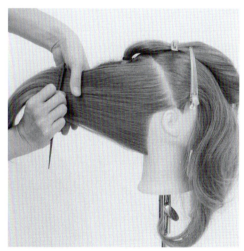

95 毛束の上から左手を添える。

100 左サイドも、92〜96と同様にとかす。

99 左手で毛束を持ち、毛先までとかす。

98 右サイドをとかし終えたら、右手の親指とコームで毛束をはさんで持ち、毛束の下から左手を添える。

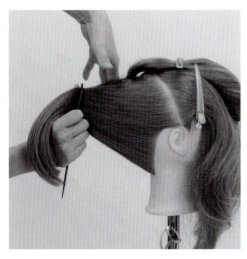

103 右サイドを再度とかす。すき毛を入れた位置を通過したら、コームの歯を毛束に対して直角になるように入れ、右手の親指とコームで毛束をはさんで持つ。

102 左手で毛束を持ち、毛先までとかす。

101 左サイドをとかし終えたら、右サイドと同様に、右手の親指とコームで毛束をはさんで持ち、毛束の下から左手を添える。

おさらいしよう

逆毛の立て方を理解できた？

逆毛は表には出ないが、仕上がりの質を左右する大事な工程。1つの毛束に対して、コームを何度か上下させながら、少しずつ逆毛を立てるのがポイント。手を抜かずに、ていねいに作業しよう。

正しいブラッシングの方法が身についた？

美しい面に仕上げるには、正しい方法でブラッシングすることが大切。内側にすき毛を入れた場合は、ブラシを回転させるタイミングに注意しながら毛束をとかそう。

BASIC OF BASIC

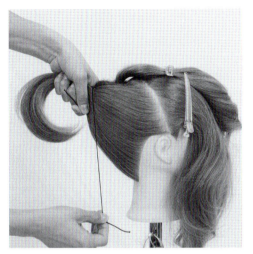
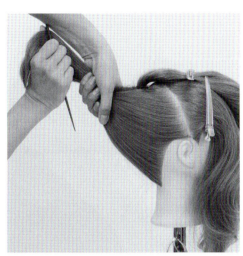
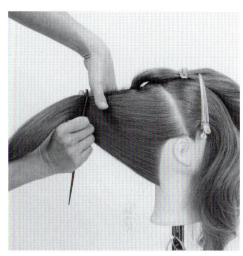

106 とかした髪を、土台をつくった一束のゴムより1〜2センチ下の位置に集め、ゴムで結わえる。

105 左手で毛束を持ち、毛先までとかす。ネープの髪にテンションがかかるようにしながら、コームを上に抜く。

104 毛束の上から左手を添え、コームを左手にわたすようにしながら、左手の親指と人差し指で毛束をはさんで持つ。

107 バックを一束にまとめた状態（※）。

※ 面の整え方

一束にまとめ終えたものの、表面がゆるんでいる箇所があったり、逆毛が表面に出ていたり、内側の髪がたるんでいたりした場合は、コームのテールを使って表面を整える。

4 別の箇所の表面がゆるんでいる場合も、同様にコームのテールを入れて整える。

3 一束の結び目の近くまで引き上げたら、コームを抜く。

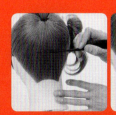

2 そのままコームを引き上げる。

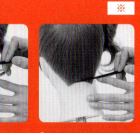

1 表面がゆるんでいる部分の生え際からコームのテールを入れて、毛束を薄くすくう。

左サイドを引きつめる 12

110 コームに持ちかえて、面を美しく整える（※2）。

109 左サイドの毛束をとり、スタイリング剤をつけたフィニッシングブラシでとかす（※1）。

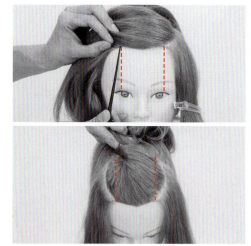

108 バングを分けとる。幅は左右黒目の外側で、スライスをカーブさせながらブロッキング。

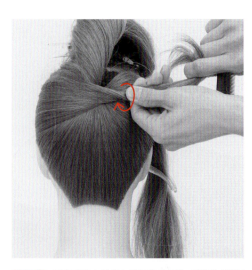

113 毛束を持つ手を左手に持ちかえ、毛束をさらにねじる。

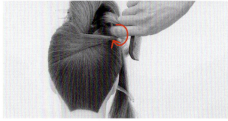

112 毛束を一束の下に通し、毛束を持った手の手首を回転させるようにして、上から下にねじる。

111 107でまとめたバックの面と毛流れを合わせるようにして、毛束を後方に引く。

※2 サイドのとかし方（コーム）

3 毛束を後方に引きながら、毛先までとかす。
2 斜め下（フィニッシングブラシの2と同じ）に向かってコームを下ろす。
1 とかし始めは、毛流れに対して直角にコームの歯をあてる。

※1 サイドのとかし方（フィニッシングブラシ）

3 毛束を後方に引きながら、毛先までとかす。
2 斜め下に向かってブラシを下ろす。
1 まずは、バングとのブロッキングラインにそってブラシをあてる。

BASIC OF BASIC

13 左サイドの毛先をループ状にまとめる

116 ねじった毛束をピンで留めたら、バックの一束を仮留めしておいたダックカールをはずす。

115 指でおさえつけたところに、アメリカピンで外留め。

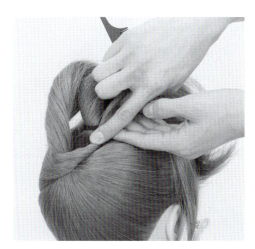

114 毛束を一束の結び目にはわせながらフロント側にねじり上げ、**12**でまとめた土台の一束と、**107**でまとめたバックの一束の中間の位置に、指でおさえる。

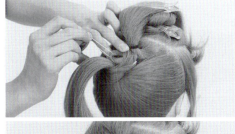

119 毛先側が内側（頭皮側）になるようにし、土台の一束とバックの一束の中間の位置に、ループ状に丸めた毛束を平らにして指でおさえ、ネジピンでおさえ込み留め。

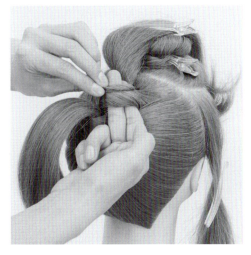

118 毛束を、毛先まで指に巻きつける。

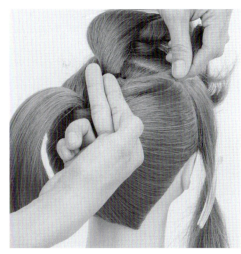

117 **115**で外留めしたところに指を2本おき、毛先側を左手で持つ。

右サイドを引きつめる 14

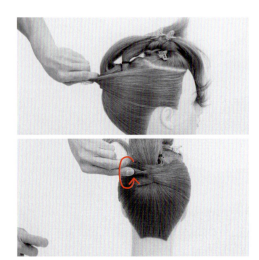

122 毛束を一束の下に通し、毛束を持った手の手首を回転させるようにして、上から下にねじる。

121 **107**でまとめたバックの面と毛流れを合わせるようにして、毛束を後方に引く。

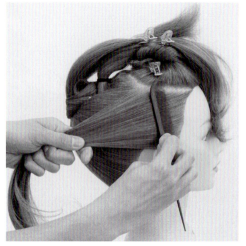

120 右サイドも、左サイドと同様に、フィニッシングブラシでとかした後、コームでとかす。

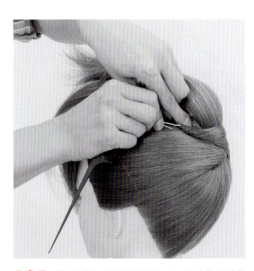

125 指でおさえつけたところを、アメリカピンで外留め。

124 毛束を一束の結び目にはわせながら、フロント側にねじり上げる。ねじった毛束を、土台の一束とバックの一束の中間の位置に指でおさえる。

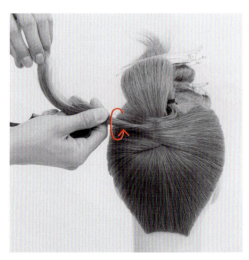

123 毛束を持つ手を右手に持ちかえ、毛束をさらにねじる。

15 右サイドの毛先をループ状にまとめる

128 毛束を指に巻きつける。

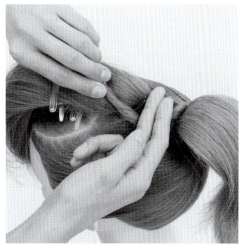
127 125で外留めしたところの上に指を2本おき、左手で毛先側を持つ。

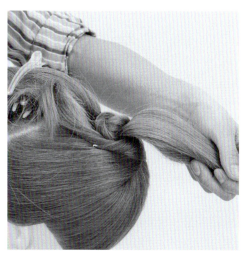
126 ねじった毛束をピンで留めたら、バックの一束を仮留めしておいたダックカールをはずす。

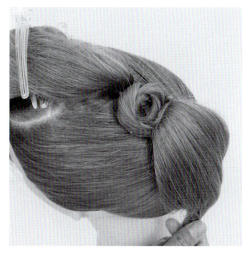
131 右サイドを引きつめ、毛先をループ状にまとめてピンで留めた状態。

130 毛束を巻きつけた指を抜き、ループ状に丸めた毛束を平らにして指でおさえ、ネジピンでおさえ込み留め。

129 毛先まで指に巻きつけたら、毛先側が内側（頭皮側）になるようにし、土台の一束とバックの一束の中間の位置に、ループ状に丸めた毛束を指でおさえる。

バングを引きつめる 16

132 108で分けとったバングを、スタイリング剤をつけたフィニッシングブラシでとかす。その後、コームに持ちかえて、3段階に分けてシェープする（※1）。

133 107でまとめたバックの面と毛流れを合わせるようにして、毛束を後方に引く。毛束を持った手の手首を回転させるようにして毛束を上から下にねじり、一束の下に通す。

134 ねじった毛束を一束の結び目の下に指でおさえ、アメリカピンで外留め。

135 134で外留めした部分より毛先側を左手に持つ。131で右サイドの毛先をループ状にまとめたところ（土台の一束とバックの一束の中間）の上に指を2本おき、毛束を指に巻きつける。

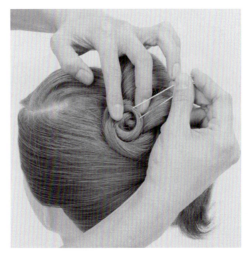

136 毛先まで指に巻きつけたら、毛先側が内側（頭皮側）になるようにし、土台の一束とバックの一束の中間の位置に、ループ状に丸めた毛束を指でおさえ、ネジピンでおさえ込み留め。

137 バングを引きつめ、毛先をループ状にまとめてピンで留めた状態。

※1 フロントのとかし方
フロントをとかすときの手順を確認しよう。

1 毛束全体をバックに向かってとかす。　**2** 毛束を持つ手の位置をキープしたまま、左サイドとのブロッキングラインにコームの歯をあて、大きく円を描くようにしてコームを斜め下に下ろす。　**3** フロントの中間は、2よりもゆるやかなカーブを描くように、斜め下に向かってとかす。　**4** 3でとかした後ろの毛束は、前の毛流れと合わせるようにして、バックに向かってとかす。

BASIC OF BASIC

17 からみ逆毛を立てる＆すき毛を成形する

140 すき毛を成形する。39〜46の手順で、中心に厚みが出るようにすき毛を重ねる。

139 毛束を引き出して、フロント側にコームの歯を入れる。コームの歯を上下させながら逆毛を立て、毛束をからませる（※2、※3、※4）。

138 12でまとめた土台の一束の毛束を、スタイリング剤をつけたフィニッシングブラシで内側までしっかりとかす。その後、コームに持ちかえて毛流れを整える。

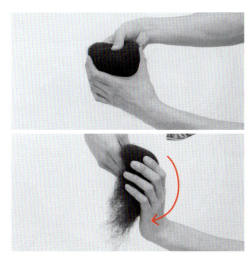

143 左手ですき毛を上から下に向かってなでるようにしながら丸める。

142 すき毛の表面に左手を添える。

141 重ねたすき毛を、表側が右手の親指側にくるように持つ。

※4 逆毛を立てるときの注意点

シニヨンをつくる部分の内側にのみ逆毛が必要なので、毛束の内側に逆毛を立てる。また、コームの歯を毛束に深く入れてしまうと、毛束の表面に逆毛が出てしまうので注意。

※3 逆毛の立て方

逆毛の立て方を復習しよう。

4 1〜3を何度か繰り返す。　**3** 逆毛を根元に集めるようにする。　**2** 根元に向かってコームをすべらせる。　**1** 毛束を引き出して、フロント側にコームの歯を入れる。

※2 からみ逆毛の目的

シニヨンをつくる毛束の内側に立てる「からみ逆毛」は、毛束同士をからませて、表面を割れにくくするのが目的。ここに逆毛を立てておくと、シニヨンの面を美しく仕上げることができる。

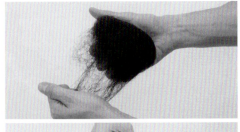

146 端まで丸めたら、すき毛の端をのばす。

145 右手を離して持ちかえる。142〜144の工程を繰り返しながら、すき毛をだ円形に整えていく。

144 すき毛に添えた左手を丸めた状態にしたまま、下辺まで下ろす。

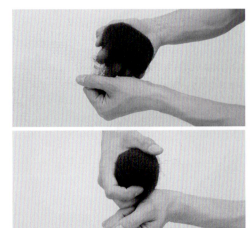

149 すき毛の成形を終えた状態。

148 手のひらの上で転がして、すき毛のかたちを整える。

147 のばしたすき毛を、だ円形に丸めたすき毛に巻きつけるようにしながら丸めていく。

BASIC OF BASIC

18 すき毛を留める

152 ネジピンにすき毛を引っかけたまま、ピンの背（U字の部分）を上にする。ピンの先が頭皮にあたるまで、ピンを押し込む。

151 すき毛を少し浮かせ、すき毛の端から1センチ程度内側にネジピンをさし込む（※1、※2）。

150 149で成形したすき毛を、土台をつくった一束の結び目の前にのせる。

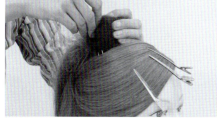
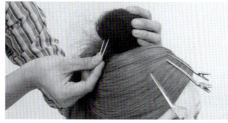

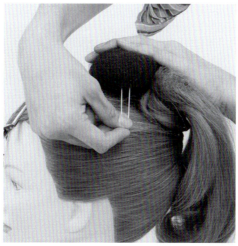

155 すき毛を土台に留めた状態。

154 逆サイドからも、151〜153と同様にピニングし、すき毛をしっかりと固定する。

153 ピンの先が頭皮にあたったら、ピンを横に倒し、奥までさし込んで留める。

※2 **すき毛を留めるときの注意点**

ピンをさすときは、すき毛の下からさし込むようにする。上からピンをさすと、すき毛の表面がへこみ、かたちがくずれてしまう。

※1 **すき毛を留めるときの注意点**

すき毛の端に上からさすと、後でシニヨンの毛束を巻き込みづらくなる。

土台の毛束を すき毛の上にかぶせる

158 毛束の表面を、コームでバイアスにとかす（※2、※3）。

157 毛束の結び目付近を両手でつまみ、毛束を左右に広げる。このとき、つまんだ毛束を何度もつまむと、両サイドの毛束が厚くなってしまうため、一気に広げるようにする（※1）。

156 土台をつくった一束の毛束をとり、中間から毛先をコームでとかし、表面に出ている逆毛を取り除く。根元の逆毛を取り除き過ぎないよう、注意してとかす。その後、**155**で土台に留めたすき毛の上に毛束をかぶせる。

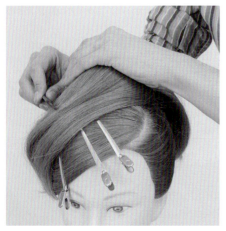
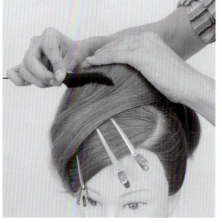

160 同様に、毛束の中央と右端もシェープ。すき毛全体に、毛束をおおいかぶせる。

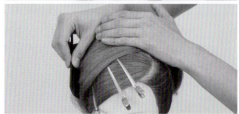

159 表面をとかし終えたら、表面を手のひらでおさえて、テンションをかけながら左端を再度シェープしていく。

※2 バイアスにとかす

一束の根元から毛先にかけて、左サイドから右サイドへと向かうバイアス（斜め）の毛流れをつくっていく。

4 そのまま毛先までとかす。　**3** 毛束にコームをあてたまま、フロント側までとかす。　**2** 毛束の中間までコームを動かす。　**1** 毛束の根元にコームの歯をあてる。

※1 毛束を広げる

毛束を左右に広げるときは、センターをやや厚めに、両端を薄めにする。

BASIC OF BASIC

20 土台の毛先を内側に入れ込む

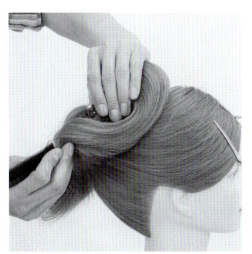

163 バックまで髪を入れ込んだら、後方に持ち上げたすき毛を元に戻す。

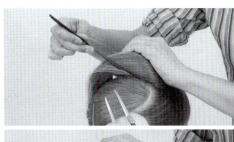
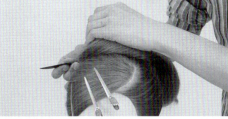

162 コームのテールを逆サイドまで移動させながら、すき毛と土台の間に髪を入れ込む。

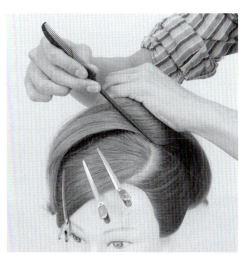

161 バイアスにシェープした毛束を、内側のすき毛ごと後方に持ち上げるようにし、コームのテールをフロント側にあてる。

166 コームで表面の毛流れとシニヨンのかたちを整える。

165 すき毛の右端に、ネジピンで仮留めしておく。

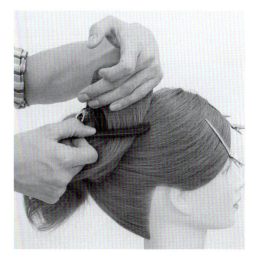

164 バイアスにシェープした毛束の表面を左手でおさえながら、コームで毛先をとかす。

※3 表面が割れてしまったら…

広げた毛束に薄い部分ができてしまったり、表面が割れてしまった場合は、コームで毛束を少しずつ下側にずらしながら毛流れを整える。一気に毛束を直そうとすると、さらに表面が割れてしまうので注意。

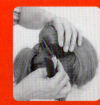

7 とかし終えたら、毛流れがズレないよう、根元をダックカールで仮留めしておく。

6 右端は、コームの歯で毛束を広げるようにしながらとかしていく。

5 毛束の左端も、1～4と同様にとかし、左サイドから右サイドへと向かう毛流れをつくる。

土台の毛先をまとめる 21

169 毛先側が内側になるようにし、シニヨンの右端に、ループ状に丸めた毛束を入れ込む。

168 毛先からループ状に丸める。

167 165で仮留めした部分より毛先側を持ち、手首を外側に回転させて毛先を裏返す。

171 土台の毛先をピンで留めた状態。

170 169でシニヨンの右端に入れ込んだ毛束をおさえたまま、ネジピンで何ヵ所かに留め、毛束を固定する（※）。

※ **ネジピンで留めるときの注意点**

写真では、ネジピンのさし方を分かりやすくするために、シングルピンで仮留めしているが、実際は170のように毛束を手でおさえたままネジピンをさす。

○ なじむ

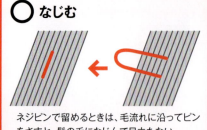

ネジピンで留めるときは、毛流れに沿ってピンをさすと、髪の毛になじんで目立たない。

22 バックの毛先をまとめる

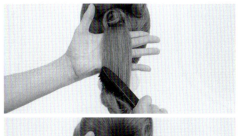

172 107で一束にまとめたバックの毛束をとり、スタイリング剤をつけたフィニッシングブラシでとかす。その後、コームに持ちかえてとかし、毛流れを整える。

173 毛束を表編みする。毛先まで編んだら、ほどけないよう、コームで逆毛を立てる。

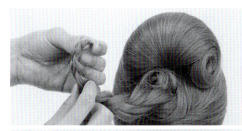

174 毛先側を内側に折り込むようにしながら、ループ状に丸める。

175 根元まで丸めたら、毛先側が内側になるようにし、シニヨンの下でループ状に丸めた毛束をおさえる。

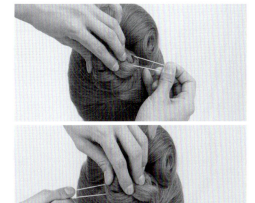

176 ネジピンで留める。逆サイドからもネジピンで留め、しっかりと固定する。

177 バックの毛先をまとめ、ネジピンで留めた状態。

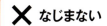 なじまない

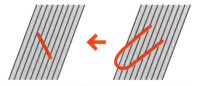

毛流れに沿わない状態でピンをさすと、髪の毛になじまないので、ピンが目立ってしまう。

できあがり 23

おさらいしよう

**バイアスシニヨンの
コツがつかめた?**

すき毛の上に毛束をかぶせ、バイアス（斜め）の毛流れをつくる「バイアスシニヨン」を美しく仕上げるポイントのひとつは、表面のコーミング。毛流れをつくるときに面が割れてしまわないよう、ていねいにシェープしていこう。

**逆毛の役割を
理解できた?**

すき毛を入れてスタイルをつくる場合、毛束の根元に逆毛を立てることで、表面が割れにくくなり、仕上がりの完成度が上がる。逆毛の目的を理解し、必要な箇所に逆毛を立てよう。

アレンジスタイル

3 右サイドも同様に、裏編み込みにする。中間からは裏編みし、毛先まで編む。

2 左サイドを裏編み込みにする(※2)。すくいとる土台の髪が、1で前後に分けたイヤーツーイヤーパートにくるまで編み進め、以降は裏編みにする(※1)。毛先まで編んだら、ダックカールで留める。

1 11〜31ページの工程1〜107の手順で、バックをまとめる。バングは、32ページの工程108と同様に、左右黒目の外側の幅でブロッキング。

6 毛先まで編んだら、ダックカールで留めておく。

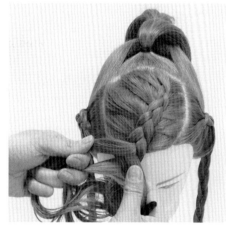

5 裏編み込みにする。左サイド寄りから編み始め、毛束を右サイドに引きながら編み込む。フロントの生え際まで編み進め、すくいとる土台の髪がなくなったら、裏編みにする。

4 バングのトップ側、ブロッキングラインのやや左サイド寄りから、厚さ1.5センチ程度の毛束をとる。分けとった毛束を3本に分ける。

※2 **裏編み込み**
裏編み込みは、裏編みがベースとなる編み込み方で、左右交互に土台から毛束をすくい、毛束を裏側で交差させる工程を繰り返す。編み目は、逆V字状に重なり、土台から浮き上がっているように見える。

16巻 59〜60ページをおさらい

※1 **裏編み**
裏編みは、左右交互に、毛束を裏側で交差させ続ける編み方。編み目は、逆V字状に重なる。

16巻 55〜56ページをおさらい

9 根元に向かってコームをすべらせ、逆毛を根元に集めるようにする。

8 一束の毛束を引き出し、37ページの工程139の手順で、「からみ逆毛」を立てる(※1)。まず、フロント側にコームの歯を入れる。

7 土台の一束の毛束をとり、スタイリング剤をつけたフィニッシングブラシでとかす。

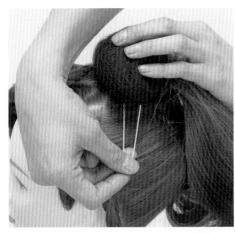

12 成形したすき毛を、土台をつくった一束の結び目の前にのせる。ネジピンをさし、すき毛を土台に留める。逆サイドからもピニングし、すき毛をしっかりと固定する(※3)。

11 37〜38ページの工程140〜149の手順で、すき毛をだ円形に成形する(※2)。

10 8〜9の工程を何度か繰り返し、毛束同士をからませる。

※3 **すき毛を留める**

土台にすき毛を留めるときは、すき毛と土台の髪とを縫い合わせるようにネジピンをさし、しっかりと固定する。ピンは、すき毛の下からさすようにする。

17巻
39ページを
おさらい

※2 **すき毛の成形**

バイアスシニヨンの内側に入れるすき毛は、だ円形に成形する。センターにボリュームのあるシニヨンのかたちに合わせ、すき毛も中心に厚みを出して成形する。

17巻
37〜38ページを
おさらい

※1 **からみ逆毛**

シニヨンをつくる毛束の内側に立てる「からみ逆毛」は、毛束同士をからませて、表面を割れにくくするのが目的。逆毛を立てるときにコームの歯を毛束に深く入れてしまうと、表面に逆毛が出てしまうので注意。

17巻・37ページ下段を
おさらい

BASIC OF BASIC

15 一束の結び目付近を両手でつまみ、毛束を左右に広げる（※4）。

14 土台の一束の毛束をとり、中間から毛先をコームでとかし、表面に出ている逆毛を取り除く。その後、13で土台に留めたすき毛の上に毛束をかぶせる。

13 すき毛を土台に留めた状態。

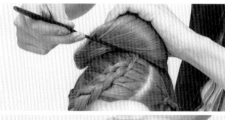

18 コームのテールを逆サイドまで移動させながら、すき毛と土台の間に髪を入れ込む。バックまで髪を入れ込んだら、後方に持ち上げたすき毛を元に戻す。

17 バイアスにシェープした毛束を、内側のすき毛ごと後方に持ち上げるようにし、コームのテールをフロント側にあてる。

16 毛束の表面を、コームでバイアスにとかし、すき毛全体に毛束をおおいかぶせる（※5）。

※5 バイアスにとかす

すき毛の上にかぶせた毛束は、コームを使って表面をとかす。一束の根元から毛先にかけて、左サイドから右サイドへと向かうバイアス（斜め）の毛流れをつくっていく。

17巻 40ページを おさらい

※4 毛束を左右に広げる

すき毛の上にかぶせた毛束を左右に広げるときは、センターをやや厚めに、両端を薄めにする。毛束を何度もつまむと、両サイドが厚くなってしまうため、一気に広げるようにする。

17巻 40ページを おさらい

21 毛束を指でおさえながら、コームで毛先をとかす。

20 右端をネジピンで仮留めしておく。

19 右端の毛束をつまみながら、再度、コームのテールですき毛と土台の間に髪を入れ込む。

24 毛束を右手でおさえながら持ち上げ、シニヨンの前に通す。

23 裏編み込みと裏編みにした右サイドの毛束から、少しずつ毛束をつまみ出してくずす。

22 毛先をループ状に丸める。シニヨンの右端に、ループ状に丸めた毛束を入れ込み、ネジピンで仮留めしておく。

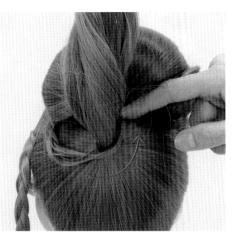

27 26の毛先を、一束の結び目付近にネジピンで留める。

26 25でピニングした部分より毛先側を、バックの一束の下に通し、毛束を一束の結び目にはわせる。

25 逆サイドまで毛束をはわせ、さらに後方に向かって引き、シニヨンの下付近にネジピンで留める。

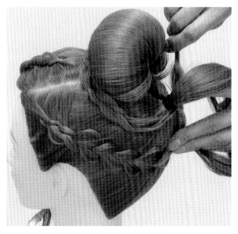

30 指でおさえた部分より毛先側を、一束の結び目に沿ってはわせ、バックの一束の上に通す。

29 毛束を後方に向かって引き、バックの一束の3～4センチ程度下側の位置に指でおさえる。

28 左サイドも、右サイドと同様に、裏編み込みと裏編みにした毛束から、少しずつ毛束をつまみ出してくずす。

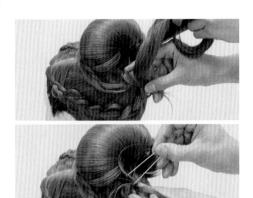

33 31でピニングした部分より毛先側を、バックの一束の結び目に巻きつけて、毛先をネジピンで留める。

32 編んだ毛束がずれないよう、左サイドにネジピンで留める。

31 バックの一束の上に通した毛束を、一束の結び目のゴムの上にかぶせるようにし、ネジピンで留める。

36 たわませた毛束を、こめかみ付近でおさえたまま、毛先を後方に向かって引く。

35 毛束が右眉にかかるよう、たわませる。

34 フロントも左右サイドと同様に、裏編み込みと裏編みにした毛束から、少しずつ毛束をつまみ出してくずす。

BASIC OF BASIC

39 毛束を真上に引き上げ、時計回りに2回転程度ねじる。

38 バックの一束の毛束をとり、スタイリング剤をつけたフィニッシングブラシでとかす。

37 耳上付近にネジピンで留める。毛先は、アメリカピンで留める。

42 41で毛束を左手でおさえたときに、指をおいた位置(親指の先、人差し指、中指の3ヵ所)にネジピンをさす。中間~毛先は、フォワードにねじりながらネジピンで留める。

41 毛束の結び目付近を左手で下からおさえながら、毛束を右のフロント側に倒す。

40 一束の根元付近から毛束を細く引き出し、スクリューカールをつくる(※)。

※ スクリューカール

「スクリューカール」とは、ねじった毛束から細かく毛束をつまみ出し、スクリュー(らせん)状につくるカールのこと。

4 一束の根元付近を中心に、毛束を大きく引き出したり、小さく引き出したりする。

3 毛先側に向かって、引き出す位置を少しずつずらす。

2 引き上げた毛束の根元付近から、細く毛束を引き出す。

1 毛束を真上に引き上げ、時計回りに2回転程度ねじる。

45 20、22で仮留めした、シニヨンの右端のネジピンをはずす。

44 シニヨンの表面は、毛束を細く浮かせるようにして引き出し、面に束感を出す。毛束を引き出す位置を少しずつずらしながら、シニヨンの面をくずしていく。

43 バックの一束をまとめた状態。

48 毛束の毛先側は、表面を前後にずらし、全体のバランスを整える。

47 くずし終えた毛束をネジピンで留める。同様に何ヵ所かネジピンで留める。

46 45でピンをはずした毛束は、ループ状にしたまま下側に向かって引き出す。毛先をおさえたまま、細かく毛束をつまみ出しながらくずす。

できあがり

くらべてみよう！

44ページでつくったスタイルとくらべて、どこにどのようなアレンジを加えたのか確認しよう。

左サイド   **フロント＆シニヨン**

53ページでつくったスタイルでは、スリークな面の上に、編んだ毛束が配置されることによって、そこがデザインのアクセントになっている。

44ページでは、バングとシニヨンをスリークな面に仕上げているため、ややクラシカルな印象。53ページではフロントに編み込みをあしらい、また、シニヨンの面をくずしているため、華やかな雰囲気が加わった。

バック   **右サイド**

毛先をきっちりとまとめた44ページのスタイルに対して、53ページではカールをつくってサイドに下ろした。バックは、スリークな面にカールを組み合わせることで、質感や動きに変化がつき、メリハリがきいている。

44ページでは、シニヨンの右端をピンで留めたが、53ページでは右端をまとめずにカールをつくった。また、土台の一束でスクリューカールをつくり、右サイドに下ろしたことで、左サイドとコントラストがつけられている。

第2章 ひねり一束（すき毛あり）＋トップボリューム

第2章では、すき毛を入れた「ひねり一束」のスタイルを学びます。
バックのひねり方は、16巻で学んだ「ひねり一束」と同じですが、
内側にすき毛を入れるため、やや難易度が上がります。
バックをひねり上げるときの立ち位置にも注意しながら、
作業を進めていきましょう。

このスタイルをつくろう 00

施術の流れ

最初に土台をつくり、土台の外側に逆毛を立てた後、すき毛をのせてピニング。バックをひねり上げ、土台の一束とひとつにしてまとめる。両サイドはねじってまとめ、トップの内側にすき毛を入れてボリュームのあるフォルムをつくる。

ひねり一束（すき毛あり）＋トップボリューム

バックに土台をつくり、すき毛を入れてひねり上げる。さらに、トップの毛束をすき毛にかぶせ、ボリュームのある面のスタイルをつくる。パーツごとのかたちや毛流れを美しく仕上げるのはもちろんのこと、フォルム全体のバランスに注意しながら、スタイルをまとめていこう。

❶バックに一束の土台をつくる。

❷土台にすき毛を留める。

❸土台の外側をひねり上げる。

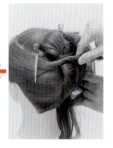
❹サイドとフロントをねじってまとめる。

❺バックトップにすき毛をのせる。

❻トップの毛束をすき毛にかぶせ、ボリュームをつける。

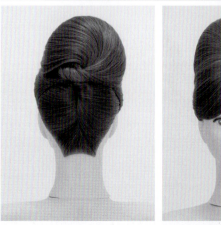

このスタイルを学ぶとできるようになること

■ **バックのひねり上げ方が身につく**

毛束をゆるませずに、美しくひねり上げるコツは、立ち位置を移動させながら施術すること。16巻・第1章で学んだことを復習しながら、完成度の高い"ひねり"を目指そう。

■ **美しい毛流れをつくるコーミングが学べる**

フォルムを大きくふくらませるトップは、美しい毛流れも見せどころのひとつ。表面が割れてしまったり、ゆるんだりしないよう、コーミングのスキルを磨こう。

BASIC OF BASIC

01 土台をつくる

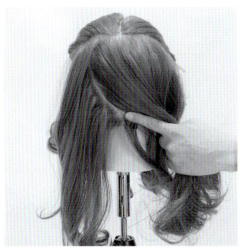
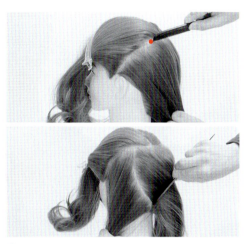

3 正中線上に左手の人差し指をおく。

2 正中線から2～3センチ程度サイド寄りにずらしたところにコームの歯をあて、カーブを描くようにしながら髪を分けとっていく。正中線に向かって斜めにコームを下ろし、衿足は3センチ程度残す。

1 耳前とゴールデンポイントのやや前あたりを結ぶイヤーツーイヤーで、全頭を前後に分ける。

6 毛束の根元を左手で持ち、ゴムで結わえる（※）。

5 分けとった部分が土台となる。ブラッシングブラシを根元から入れ、毛束を少しずつ高い位置に引き上げながらとかす。

4 逆サイドも同様に、正中線から2～3センチ程度サイド寄りにずらしたところにコームの歯をあて、3で正中線上においた左手の人差し指を目指してコームをカーブさせ、髪を分けとる。

角のある土台
ひねり一束など、衿足のフォルムをタイトに上げるスタイルをつくる場合は、衿足側に角をつけて深めに分けとると良い。こうすれば、衿足がもたつくことなく、タイトにひねり上げられる。

この章でつくるスタイル

丸い土台
一束など、衿足のフォルムに丸みのあるバックスタイルをつくるときに適している。

第1章でつくったスタイル

※ 土台のかたち
つくるスタイルに合わせて土台のかたちを変化させることで、土台の外側の髪が扱いやすくなり、また、仕上がりの完成度もアップする。第1章でつくったスタイルと土台のかたちを見比べてみよう。

02 土台の外側に地肌逆毛を立てる

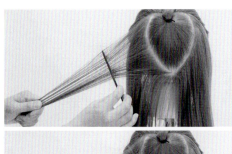

9 第1章で学んだ工程 **19〜27** の手順で逆毛を立てる（※）。

8 **7**で分けとった毛束の根元から毛先までをコームでとかした後、毛束の表面にある細かく短い髪をからませるようにして逆毛を立てていく。

7 土台から1センチ程度外側の髪を、コームのテールをカーブさせながら、ブロッキングラインと平行に分けとっていく。

12 土台の外側に逆毛を立て終えた状態。

11 分けとった部分に、**9**と同様に逆毛を立てる。

10 逆サイドも**7**と同様に、土台から1センチ程度外側の髪を、コームのテールをカーブさせながら分けとっていく。

5 **4**でコームを離した位置よりも毛先側にコームの歯を入れる。

4 **2**でコームをすべらせた位置よりも根元側までコームをすべらせる。その後、毛束からコームを離す。

3 **2**でコームを離した位置よりも毛先側にコームの歯を入れる。

2 毛束の中間までコームをすべらせる。その後、毛束からコームを離す。

1 毛束の毛先側を持ち、表面にコームの歯を入れる。パネル表面に出ている短い髪をからませるように逆毛を立てていく。

※ 地肌逆毛の立て方

土台外側の内側に立てる「地肌逆毛」の目的は、髪を結い上げたときに、すき毛と毛束とのすき間をうめ、内側で毛束同士をからませること。もう一度、逆毛の立て方をおさらいしよう。

BASIC OF BASIC

03 すき毛(やわらかめのにんじん型)を成形し、土台に留める

15 すき毛の端に左手を添える。

14 重ねたすき毛の上辺を、右手で裏側まで持つ。

13 すき毛を成形する。第1章で学んだ工程**39〜46**の手順で、中心に厚みが出るようにすき毛を重ねる。

18 今度は、右手ですき毛を大きく巻き込むようにしながら端まで丸める。

17 すき毛を左手で最後まで巻き込み、すき毛の端に右手を添える。

16 左手ですき毛を大きく巻き込むようにしながら丸め、細長いかたちに整えていく。

9 逆毛を立て終えた状態。

8 土台に沿わせて表面をなでるようにしながら、コームを上に抜く。

7 根元まで逆毛を立てたら、コームの歯を土台にしっかりと押しつける。

6 逆毛を根元に集めるようにして、土台のブロッキングラインまでコームをすべらせる。

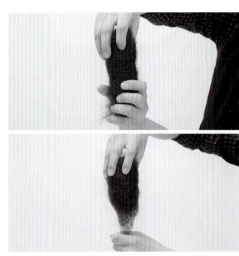

21 成形を終えた状態のすき毛。指で軽くおさえると、表面がつぶれる程度のやわらかめのにんじん型にする。

20 丸めたすき毛の下側を左手で持ち、すき毛を左手で少しずつ持ち上げるようにしながら回転させ、円すい形に整える（※1）。

19 端まで丸めたら、すき毛の端をのばし、細長く丸めたすき毛の表面に巻きつけるようにしながら丸めていく。

24 計4ヵ所でピニングする。

23 第1章の22ページ下段で学んだ手順で、すき毛を土台に留める。

22 成形したすき毛を、少し押しつぶすようにしながら土台にのせ、左手でおさえる。このとき、すき毛の上辺は、一束にまとめたゴムよりも高い位置にならないよう注意（※2）。

第2章でつくるスタイルでは、この作業はしない。

※2 **すき毛を土台にのせる**

第1章で学んだ工程52〜56では、すき毛を土台にのせた後、すき毛の端の細かい毛を内側に巻き込んで整えたが、第2章ではこの作業を行なわない。その理由は、すき毛の端を整えずに、すき毛の両端に厚みが出ないようにして、衿足のフォルムをシャープに仕上げるため。

ZOOM UP

※1 **円すい形に整える**

すき毛の下側を丸めるときは、左手を左の写真のようにする。すき毛の先端に近くなるにつれて、左手を徐々にすぼめていくと、円すい形に整えやすい。

BASIC OF BASIC

04 土台の外側に方向性の逆毛を立てる&バックサイドをとかす

27 逆毛を立て終えたら、土台外側の毛先を下のほうで集める。まずは、ブラッシングブラシを毛束の上から入れ、毛先のみとかす。

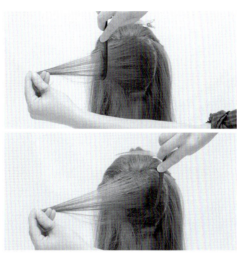

26 逆サイドも同様に、逆毛を立てる。

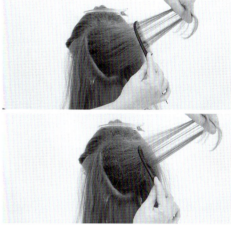

25 9～11で逆毛を立てた、土台の外側の毛束を斜め上に向かって引き出す。すき毛に接していない側（外側）の中間～毛先にコームの歯を入れて上下させ、逆毛を立てる。

30 第1章で学んだ工程92～102の手順で、バックサイドをコームでとかす。

29 第1章で学んだ工程75～91の手順で、バックサイドをブラッシングブラシとフィニッシングブラシでとかす（※3）。

28 第1章で学んだ工程71～74の手順で、毛束を少しずつ高い位置に持ち上げながら、毛先までとかす。

※3 バックサイドのとかし方

土台の上にすき毛をのせた場合の、バックサイドのとかし方をおさらいしよう。

6 毛束の上から左手を添え、ブラシで毛先までとかす。

5 すき毛を入れた位置を通過したらブラシを回転させ、1と同じ状態に戻す。

4 すき毛を入れた位置を通過するまで、ブラシの側面をあてたままスルー。

3 ブラシの側面を髪にあてたまま、毛束の中間までブラシをすべらせる。

2 ブラシを回転させ、ブラシの側面を髪にあてる。

1 ブラッシングブラシをブロッキングラインにあてる。

土台の外側をひねり上げる 05

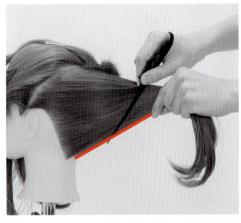

33 すき毛を入れた位置から5〜6センチ程度毛先側で毛束を持ち、左手の親指と人差し指で衿足の毛束をしっかり持つ。毛束の中間より、やや土台寄りの位置にコームのテールを斜めにあて、左バックサイドの毛束をしっかりおさえる（※）。

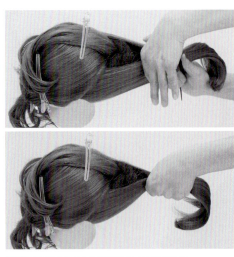

32 毛束の上から左手を入れ、毛束を持つ。

31 右サイドを再度とかす。すき毛を入れた位置を通過したら、コームの歯を毛束に対して直角になるように入れ、右手の親指とコームで毛束をはさんで持つ。

36 ひねり上げた毛束を、徐々に土台に寄せていく。

35 コームのテールに毛束を1回転巻きつけた状態。

34 毛束を持った左手の親指と人差し指で衿足の毛束をしっかり持ち、毛束をコームのテールに巻きつけながらひねり上げる。

37 立ち位置は、36と同じ。

36 立ち位置は、左サイドの耳横あたりを目安に。

35 立ち位置は左サイドに移動し、身体も少しずつ回転させていく。

34 ひねり上げるのに合わせ、身体を左サイドへ移動させる。

33 立ち位置は、頭の真後ろに。

※ 毛束をひねり上げる

毛束をひねるときは、立ち位置も移動させるのがポイント。こうすることで、コームを持つ手の位置をずらさずに、毛束をしっかりとひねり上げられる。

※数字は、上のプロセス番号。

BASIC OF BASIC

39 ひねり上げたバックの表面を、右手でおさえる。

38 コームを抜いた後も、左手の人差し指の先を土台に押しつけた状態をキープし、「ひねり」がゆるまないようにする。

37 毛束を持った左手の人差し指を土台に押しつけるようにしながら、コームのテールをゆっくりと抜く。

42 右手をバック側から入れ、親指と人差し指で毛束をつまむ。

41 ひねり上げた毛束を、さらにねじり込む。

40 左手の親指と人差し指だけゆるめ、毛束を持っている左手の手首を戻して毛束をつかみ直す。このとき、右手の親指でひねった部分をおさえておくと、ゆるまない。

45 1〜6でつくった一束の土台を右手に持つ。

44 ひねり上げた毛束を左手で持つ。

43 毛束をひねった状態で、左手の人差し指の側面を一束の結び目にしっかりと押しあてる。

48 バックに「ひねり」ができた状態（※）。

47 6で一束の土台をつくった位置のなるべく近くにゴムで結う。

46 ひねり上げた毛束と、土台の一束をひとつにする。

※ バックのフォルム

同じようにバックをひねり上げてつくる「ひねり一束」でも、内側にすき毛を入れた場合と、入れない場合とでは、バックのフォルムに違いが出る。どのように違うのかを確認してみよう。

すき毛あり
すき毛を入れていないほうに比べてバックに丸みがつき、骨格も補整されてフォルムに奥行きが出ている。

すき毛なし
衿足がタイトに上がっていて、コンパクトなフォルムに見える。

06 バックの毛先をまとめる

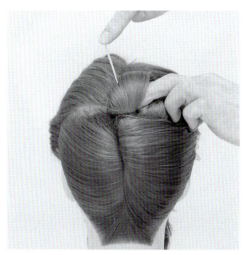
51 ループ状に丸めた毛束の毛先側が内側（土台側）になるようにおさえ、ネジピンでおさえ込み留め。

50 ねじった毛束を指に巻きつける。

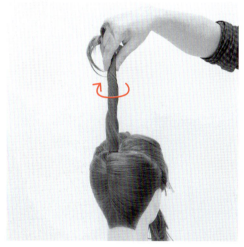
49 47で、バックでまとめた毛束をとり、真上に引き上げてねじる。

53 バックの毛先をまとめ終えた状態。

52 逆サイドからも、同様にネジピンでおさえ込み留めし、ループ状にしてしっかりと固定する。

フロントとサイドをブロッキングする 07

56 右サイドのトップを分けとった状態。

55 コームの歯でカーブを描くようにしながら、1で前後に分けたイヤーツーイヤーパートに向かってコームを動かし、髪を分けとっていく。

54 正中線上の顔まわりの生え際から3～4センチ程度トップ寄りにずらした位置に、コームの歯をあてる。

59 フロントは、左黒目の延長上で左右に分ける。

58 左サイドのトップを分けとった状態。

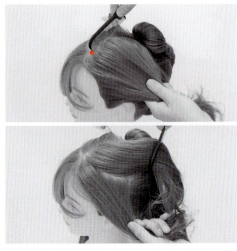

57 逆サイドも同様に、顔まわりの生え際から3～4センチ程度トップ寄りにずらしたところにコームの歯をあてる。1のイヤーツーイヤーパートに向かってコームをカーブさせて髪を分けとる。

08 左サイドをまとめる

62 左手で表面をおさえたら、毛束をやや斜め上に向かってとかし、毛流れの方向性を変える。

61 コームに持ちかえて、面を美しく整える。毛束を後方に引きながらとかし、左手で表面をおさえる。

60 左サイドの毛束をとり、スタイリング剤をつけたフィニッシングブラシでとかす。このとき、**58**で分けとったトップのブロッキングラインに重ならないよう、毛束をやや斜め下に引く。

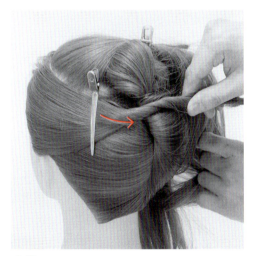

65 毛先側をさらにねじる。

64 ねじり始めの手前の位置を、ダックカールで仮留めしておく。

63 毛束を持った右手の手首を回転させるようにして、上から下にねじる。ねじり始めた位置を、左手でおさえる。

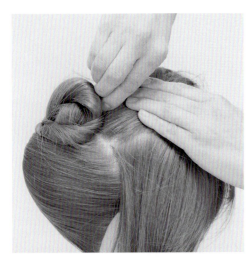

68 67でおさえ込み留めした部分より毛先側を、フロントまではわせる。

67 66で外留めした部分より毛先側を右サイドまで引き、ネジピンでおさえ込み留め。

66 ねじった毛束を、48で「ひねり」をつくったバックの上に通す。47でまとめた、バックの一束のゴムのやや下あたりに、アメリカピンで外留め。

70 左サイドをまとめ終えた状態。

69 さらに毛先側を、52でまとめたループ状の毛束にはわせるようにしながら、オニピンでおさえ込み留め。毛先は、毛束が細くなっているため、オニピンを使って留める。

09 右サイドをまとめる

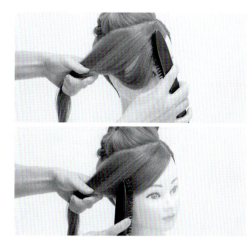

71 バングと右サイドの毛束をとり、スタイリング剤をつけたフィニッシングブラシでとかす。その後コームでとかし、右眉尻〜こめかみ付近をダッカールで仮留めしておく。

72 右手で表面をおさえながら、毛束を持った左手の手首を回転させるようにして、上から下にねじる。その後、ねじり始めの手前の位置を、ダッカールで仮留めしておく。

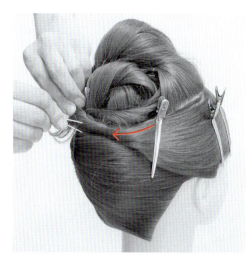

73 毛束をさらにねじり、**66**でピニングした左サイドの毛束の上に交差させ、アメリカピンで外留め。

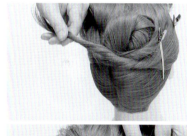

74 **73**で外留めした部分より毛先側を左サイドまで引き、ネジピンでおさえ込み留め。

75 さらに毛先側を、**52**でまとめたループ状の毛束にはわせるようにしながら、オニピンでおさえ込み留め。

76 両サイドの毛先をまとめ終えた状態。

トップに逆毛を立てる 10

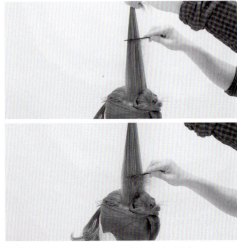

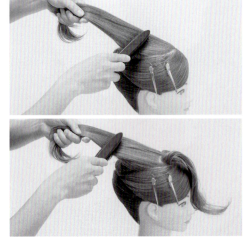

79 逆毛を立てる（※1）。毛束のバック側にコームの歯を入れ、毛先〜中間でコームの歯を何度か上下させながら逆毛を立てる。

78 ゴールデンポイント側のブロッキングラインから厚さ1〜2センチ程度の毛束をとり、コームでしっかりとかす。

77 56、58で分けとったトップの毛束をとり、スタイリング剤をつけたフィニッシングブラシで内側までしっかりとかす。

82 最後に、毛束の中間に軽く逆毛を立てる。

81 毛束の中間〜根元にかけてコームの歯を上下させて逆毛を立て、根元に立ち上がりをつける（ボリュームを出す逆毛）。

80 逆毛をしっかり立てたら、ブロッキングラインが隠れる程度を目安に、逆毛を根元に集める（地肌逆毛）。

※1 逆毛を立てる

ここでは、ひとつの毛束に3種類の逆毛を組み合わせた。それぞれの目的を確認しよう。

つなぎの逆毛
毛束同士をからませて、つながりをよくする。逆毛を立てた後、最後に毛束の内側に軽く立てる逆毛のこと。

81で逆毛を立て終えた状態。 根元に集めた逆毛によって、根元に大きく立ち上がりがついた。

ボリュームを出す逆毛
毛束の中間〜根元に逆毛を立て、ボリュームを出すのが目的。逆毛を積み重ねる量で、ボリュームを調整する。

地肌逆毛
根元の方向性を整え、根元に立ち上がりをつけるのが目的。逆毛をしっかりと根元に押し込む。

BASIC OF BASIC

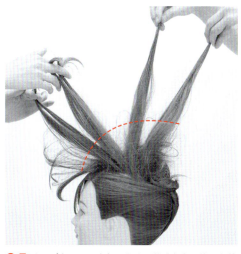

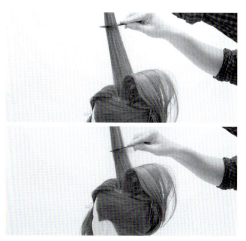

85 トップを4つの毛束に分けて逆毛を立て終えた状態。ボリュームを出す逆毛の位置の高さが、パネルごとに変化しているのが分かる。

84 1パネル目と2パネル目の毛束に逆毛を立て終えた状態。最もボリュームを出したいバック側から、フロント側へ向かうにつれて、ボリュームを出す逆毛を立てる範囲を狭くしていく。

83 78〜82で逆毛を立てた毛束から、さらにフロント寄りに厚さ1〜2センチ程度の毛束をとり、78〜82と同様に逆毛を立てる。残りも同様に、厚さ1〜2センチの毛束をとり、逆毛を立てる（※2）。

88 ブラッシングブラシで毛束の表面をとかし、表面に出ている逆毛を取り除く。このとき、逆毛を立てた部分を通過するまではブラシを寝かせ、毛先はブラシを立ててとかす。

87 トップの毛束をバック側に集め、毛先に軽く手グシを通す。

86 すべてのパネルに逆毛を立て終えたら、内側の中間〜根元に軽く逆毛を立て、毛束同士のつながりをよくする（つなぎの逆毛）。

※2 毛束の角度

毛束を引き出す角度は、フロント側へ向かうにつれて、徐々に前方へ倒すようにする。こうすることで、根元に逆毛を集めやすくなる。

4パネル目 　 3パネル目 　 2パネル目 　 1パネル目

11 バックトップにすき毛をのせる

91 第1章で学んだ工程151〜153の手順でネジピンをさし、すき毛を留める。

90 成形したすき毛を、52でループ状にまとめた毛束の上にのせる。

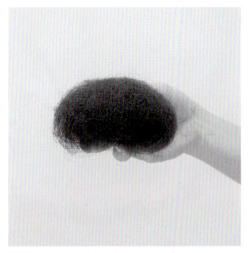

89 第1章で学んだ工程140〜149の手順で、すき毛をだ円形に成形する。

93 バックトップにすき毛を留めた状態。

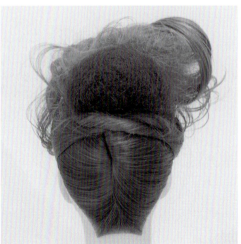

92 逆サイドからもピニングし、すき毛をしっかりと固定する。

BASIC OF BASIC

12 トップの毛束をとかす

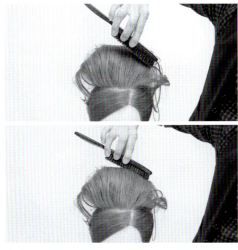
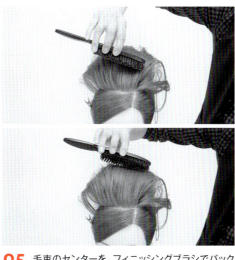

96 ブラシをあてる位置をセンターからやや左サイドにずらし、フロントからバックに向かってとかす。

95 毛束のセンターを、フィニッシングブラシでバックまでとかす。このとき、内側のすき毛に引っかけないようにブラシを寝かせ、ブラシの側面でとかす。

94 78～86で逆毛を立てたトップの毛束を、93でピニングしたすき毛の上にかぶせる。

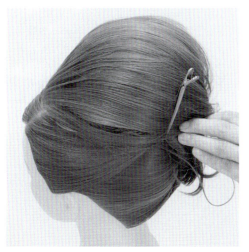
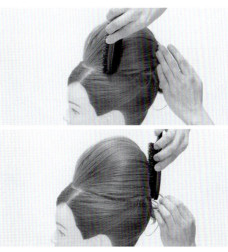

99 表面を軽くとかし終えたら、バック側にダックカールで仮留めし、毛流れをキープ。

98 左端は、58で分けとった、トップと左サイドとのブロッキングラインの上に、毛束を薄くかぶせるようにしながらとかす。

97 毛束の端は、表面にブラシの側面をあて、バックまでとかす。このとき、フォルムの丸みを意識しながらとかすと良い。

102 毛束の右サイドをとかし終えたら、バック側にダックカールで仮留めしておく。

101 右端は、56で分けとった、トップと右サイドとのブロッキングラインの上に、毛束を薄くかぶせるようにしながらとかす。

100 毛束の右サイドも、表面にブラシの側面をあて、フロントからバックに向かってとかす。

104 センターをとかしたら、毛束にブラシをあてたまま、仮留めしたダックカールの間に通し、毛先までとかす。

103 毛束全体をとかし終えたら、再度、フィニッシングブラシで表面をフロントからバックまでとかし、毛流れを整える。

おさらいしよう

逆毛の立て方を理解できた?

内側にすき毛を入れるスタイルでは、逆毛の立て方や部分ごとの使い分けが、仕上がりの完成度を左右する。逆毛の目的や効果について、もう一度おさらいしておこう。

毛束をひねり上げるコツがつかめた?

立ち位置を移動させることで、コームを持つ手の位置をずらさずに、しっかりと毛束をひねり上げられる。衿足の毛束を持つ指に力を入れ、ゆるまないよう注意しよう。

まとめ 逆毛の立て方

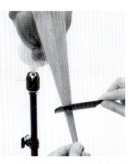
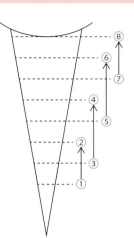

4 2よりも根元側までコームをすべらせる。その後、毛束からコームを離す。

3 2でコームを離した位置よりも毛先側に戻り、コームの歯を入れる。

2 毛束の中間までコームをすべらせる。その後、毛束からコームを離す。

1 毛束をダウンステムに引き出し、毛先側にコームの歯を入れる。

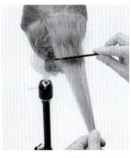

8 逆毛を根元に集めるようにして、ブロッキングラインまでコームをすべらせる。

7 6でコームを離した位置よりも毛先側に戻り、コームの歯を入れる。

6 根元の少し手前までコームをすべらせる。その後、毛束からコームを離す。

5 4でコームを離した位置よりも毛先側に戻り、コームの歯を入れる。

10 逆毛を立て終えた状態。

9 コームの歯を土台に押しつけ、土台に沿わせて表面をなでるようにしながらコームを上に抜く。

毛束を上に引き出したときは…

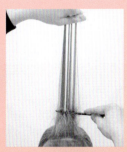

5 根元まで逆毛を立てたら、コームの歯を土台に押しつけ、土台に沿わせて表面をなでるようにしてコームを抜く。

4 上の「逆毛の立て方」と同様に、コームを何度か上下させ、逆毛を根元に集めていく。

3 2でコームを離した位置よりも毛先側に戻り、コームの歯を入れる。

2 毛束の中間までコームをすべらせる。その後、毛束からコームを離す。

1 毛束を上に引き出し、毛先側にコームの歯を入れる。

トップの毛束をコームでとかす

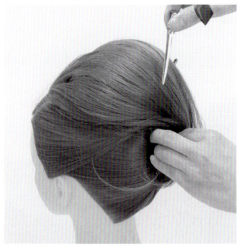

107 73ページの工程99で、左サイドのバックトップに仮留めしておいたダックカールをはずす。

106 毛束を左手でおさえながら、バックに向かってとかす。

105 フィニッシングブラシでとかした後は、コームに持ちかえて、毛束のセンターをとかす。ブラシでとかすときと同様、内側のすき毛に引っかけないようにコームの歯を寝かせてとかす。

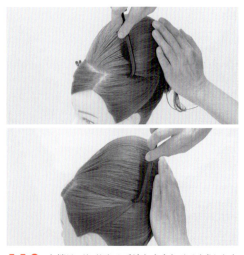

110 左端は、サイドとの毛流れを合わせるようにしながらバックまでとかす。

109 フォルムの丸みを意識しながら、バックまでとかす。

108 コームのあてる位置をセンターからやや左サイド寄りにずらし、フロントからとかす。

BASIC OF BASIC

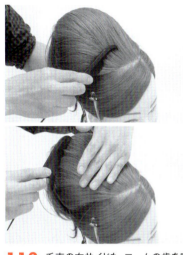

113 毛束の右サイドも、コームの歯を寝かせて表面にあて、フロントからバックまでとかす。

112 74ページの工程102で、右サイドのバックトップに仮留めしておいたダックカールをはずす。

111 バックまでとかしたら、ダックカールで仮留めし、表面の毛流れをキープ。

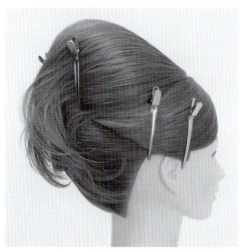

116 とかし終えたら、バックサイドにダックカールで仮留めしておく。

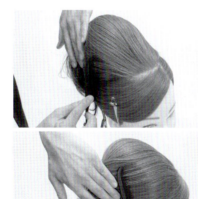

115 右端は、サイドとの毛流れを合わせるようにしながらバックまでとかす。

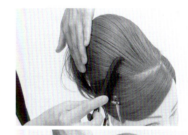

114 コームのあてる位置をセンターからさらに右サイド寄りにずらし、フロントからバックに向かってとかす。

トップの毛先をコームでとかす 14

119 左端は、毛束の下側をおさえながらとかす。

118 とかしながら、左サイドから右サイドへ向かう斜めの毛流れをつくっていく。

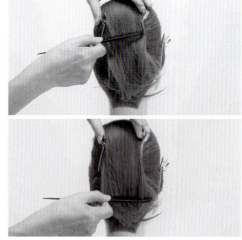

117 毛束を上からおさえながら、コームで毛先までとかす。

122 最後は、左手の親指と人差し指で毛束をつまむようにして持ち、毛先までコームを通す。

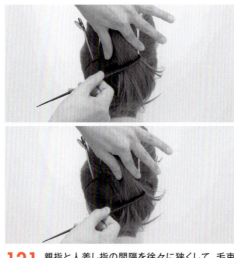

121 親指と人差し指の間隔を徐々に狭くして、毛束を先細らせながら、毛先までとかす。

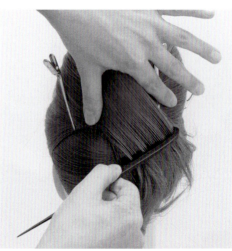

120 左手の親指と人差し指で毛束を上からおさえ、毛先までとかす。

BASIC OF BASIC

15 トップの毛先をまとめる

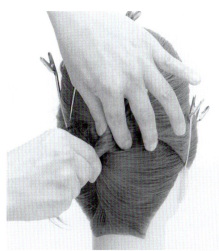

124 毛束を反時計回りに2回転程度ねじる。

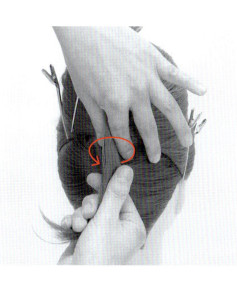

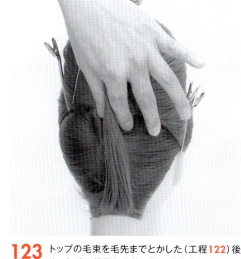

123 トップの毛束を毛先までとかした（工程**122**）後も、左手の親指と人差し指は毛束をおさえたままキープ。

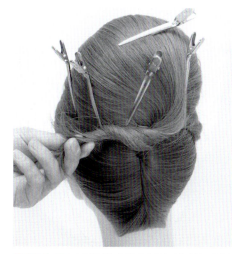

127 **126**で仮留めした部分よりも毛先側を、さらにねじる。

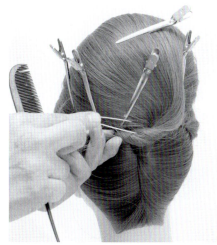

126 ねじった毛束を、ネジピンで仮留めしておく。このとき、ねじっていない部分とねじった部分とをまたがせるようにしてピンを打つと良い。

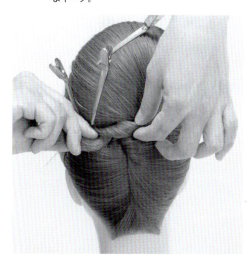

125 左手で毛束をおさえたまま、毛先側を左サイドに向かって引く（※）。

※ **ねじった毛束の方向づけ**

左（反時計回り）にねじったら、左に引く

右（時計回り）にねじったら、右に引く

と覚えよう

OK

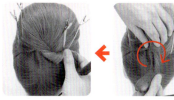

右側に引くと、毛束が外ねじりになるので浮き上がらずに、なじみが良くなる

時計回り（右）にねじったら…

NG

毛束が内巻きにおさまるので浮き上がってしまい、なじみが悪くなる。

左に引くと…

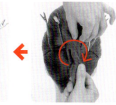

時計回り（右）にねじった毛束を…

130 ループ状に丸めた毛束を、持ち上げたトップの毛束の内側に入れ込む。

129 左サイドのバックトップに仮留めしたダックカールをはずし、**128**でループ状に丸めた毛束を右手に持ちかえる。さらに、トップの毛束の左端を、少し持ち上げる。

128 毛先を指に巻きつけ、ループ状に丸める。

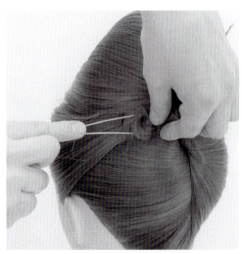

133 持ち上げた毛束の左端を下側に引き、**131**でピンニングした、ループ状の毛束の上にかぶせる。

132 ループ状に丸めた毛束を、ピンで留めた状態。

131 内側に入れた毛束を、ネジピンでおさえ込み留め。

BASIC OF BASIC

136 126で仮留めしておいたネジピンをはずす。

135 127でねじった毛束を、アメリカピンで留める。

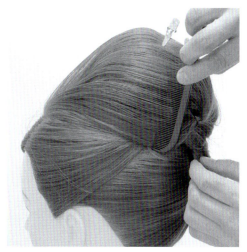

134 トップの左端をコームでとかし、表面を整える。

137 コームやフィニッシングブラシを使って、細部をさらに整える。

できあがり 16

おさらいしよう

コーミングで美しい毛流れが つくれるようになった?

この章で仕上げたスタイルは、第1章で学んだバイアスシニヨンと同様、美しい毛流れが見せどころ。内側に入れたすき毛にひっかけないよう、ブラシやコームの歯のあて方に注意しながら、表面をていねいにとかしていこう。

アレンジスタイル

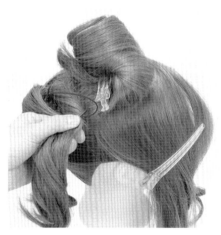
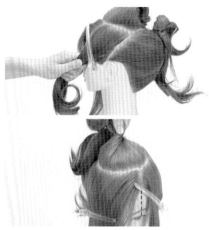

3 ねじった部分を、ネジピンで土台におさえ込み留め。

2 バックでまとめた一束の根元を右サイドに向かって引き、フォワードにねじる。

1 57〜64ページで学んだ工程1〜48の手順で、バックをまとめる。66ページで学んだ工程54〜59の手順で、フロントとサイドをブロッキング。

6 逆毛を立て終えたら、内側の中間〜根元に軽く逆毛を立て、毛束同士のつながりを良くする。

5 70〜71ページで学んだ工程78〜85の手順で、トップに逆毛を立てる(※)。

4 ピンで留めた状態。

※ 逆毛を立てるときの注意点

OK 毛束にあてたコームの歯が、裏側まで貫通しないようにする。

NG 逆毛が表面に出てしまう　コームの歯を深く入れると…

トップの毛束に逆毛を立てるときは、引き出した毛束にコームの歯を深く入れすぎないようにする。特にフロント側のパネルは、逆毛が表面に出てしまわないよう注意。

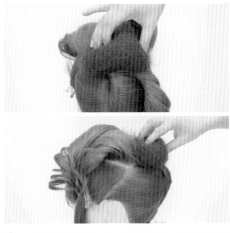

9 成形したすき毛を、バックをまとめた一束の結び目の前(フロント側)にのせる。

8 第1章の工程140〜149で学んだ手順で、すき毛をだ円形に成形する。

7 トップの毛束をバック側に集める。ブラッシングブラシで表面をとかし、表面に出ている逆毛をとる。

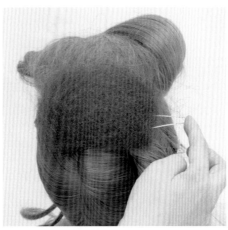

12 バックトップにすき毛を留めた状態。

11 逆サイドからもピニングし、すき毛しっかりと固定する。

10 ネジピンですき毛を留める(※)。

※ すき毛の留め方

第1章で学んだすき毛の留め方を、もう一度おさらいしよう。

4 ネジピンにすき毛を引っかけたまま、ピンの背(U字の部分)を上にする。

3 すき毛の端から1センチ程度内側にネジピンをさし込む。

2 すき毛を少し浮かせる。

1 成形したすき毛をのせる。

BASIC OF BASIC

15 76〜78ページの工程105〜122と同様の手順で、表面と毛先をコームでとかす。

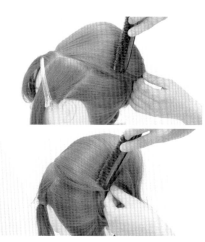

14 73〜74ページの工程95〜104で学んだ手順で、表面をフィニッシングブラシでとかす。

13 5、6で逆毛を立てたトップの毛束を、11でピニングしたすき毛の上にかぶせる。

18 正面から見てトップのフォルムを確認し、コームのテールを使って整える。

17 トップの表面を、再度コームでとかし、毛流れを整える。

16 79ページの工程123〜126と同様の手順で毛先をねじり、ネジピンで仮留めしておく。その後、トップの表面に仮留めしておいたダックカールをはずす。

7 ピンを奥までさし込んで留める。

6 ピンの先が頭皮にあたったら、ピンを横に倒す。

5 ピンの先が頭皮にあたるまで、ピンを押し込む。

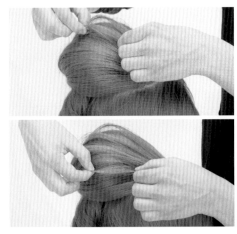 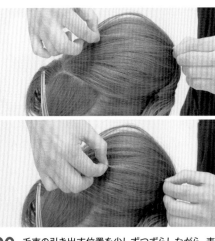 

21 右サイドも同様に毛束を引き出し、表面をくずす。

20 毛束の引き出す位置を少しずつずらしながら、表面をくずしていく。

19 トップの表面は毛束を細く浮かせるようにして引き出し、束感を出す。

24 ややキープ力のあるスプレーを吹きつけ、束感をキープする。

23 細く引き出した毛束をネジピンで仮留めしておき、束感をキープ。特に、両端は束感がくずれやすいので、必ず仮留めする。

22 表面をくずし終えた状態。

BASIC OF BASIC

25 1でブロッキングしたフロントの右側と、右サイドの毛束をとり、スタイリング剤をつけたフィニッシングブラシで毛先までとかす。

26 毛束をロープ編み（左回転・右ねじり）にする（※）。毛先まで編んだら、ゴムで結わえる。

27 ロープ編みした毛束から、少しずつ毛束をつまみ出してくずす。

28 ロープ編みした毛束の根元を右手でおさえながら持ち上げ、シニヨン状にしたトップの前に通して逆サイドまではわせる。

29 ロープ編みした毛束から、再度、毛束をつまみ出し、フロント側から見てバランスを確認しながら、大きくくずす。

30 工程26の毛先のゴムをはずし、1で分けとった左サイドとのブロッキングライン付近にアメリカピンで留める。毛束の中間もアメリカピンで留め、毛束がずれないようにする。

※ ロープ編み

ロープ編みは、2本の毛束をねじりながら交差させる編み方。

16巻 76〜78ページをおさらい

右回転・左ねじり

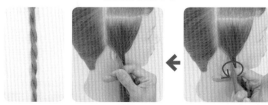

毛束を反時計回り（左）にねじりながら、交互に右側に毛束を引いて交差させる。編み目は、右下がりの状態で重なる。

左回転・右ねじり

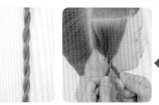

毛束を時計回り（右）にねじりながら、交互に左側に毛束を引いて交差させる。編み目は、右上がりの状態で重なる。

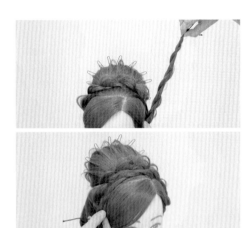

33 ロープ編みした毛束の根元を左手でおさえながら持ち上げ、ロープ編みした右サイドの毛束の前に通して逆サイドまではわせる。

32 ロープ編みした毛束から、少しずつ毛束をつまみ出してくずす。

31 左サイドの毛束も、スタイリング剤をつけたフィニッシングブラシで毛先までとかした後、ロープ編み（左回転・右ねじり）にする。毛先まで編んだら、ゴムで結わえる。

36 両サイドをまとめ終えた状態。

35 工程31の毛先のゴムをはずし、右サイドのこめかみの位置にアメリカピンで留める。毛束の中間もアメリカピンで留め、毛束がずれないようにする。

34 工程31でロープ編みした毛束から、再度少しずつ毛束をつまみ出してくずす。奥にある右サイドの毛束よりも、小さめにくずす。

39 16で仮留めした部分より毛先側を、スタイリング剤をつけたフィニッシングブラシでとかす。

38 バック側も、19〜22でつくった束感に合わせるよう、毛束を細く引き出してくずす。

37 フロントもトップの表面と同様に、毛束を細く浮かせるように引き出してくずす。

42 左手の親指でおさえたところを、ネジピンで留める。

41 ねじった毛束を左手でおさえたまま、毛束を細く引き出してくずす。

40 毛束をフォワード方向にねじる。

45 トップの毛先をまとめ終えた状態。

44 毛先をネジピンで留める。

43 42でピニングした部分より毛先側は、毛束を前後にずらしてくずす。

48 ロープ編みした毛束から、少しずつ毛束をつまみ出してくずす。根元付近は大きめに、毛先側は小さめにくずす。

47 毛束をロープ編み（左回転・右ねじり）にする。毛先まで編んだら、ゴムで結わえる。

46 バックの一束をとり、スタイリング剤をつけたフィニッシングブラシで毛先までとかす。その後、コームを使ってとかす。

51 毛束の根元付近をつまむようにして持ち、フロント側に引き寄せる。

50 毛束を左サイドまで引いたら、トップの毛束の下側に通し、ダッカールで仮留めしておく。

49 ロープ編みした毛束の根元付近を右手でおさえながら、左サイドに向かって引く。

54 毛束に動きや、メリハリをつけながら、何ヵ所かをネジピンで留める。

53 毛束を前後にずらしてくずす。

52 フロント側に引き寄せた毛束を、ネジピンで留める。

57 30でピニングした右サイドの毛先も、毛束を前後にずらすようにしてくずす。

56 毛先は、毛束を前後にずらすようにしてくずし、アメリカピンで留める。

55 工程47の毛先のゴムと、50で仮留めしたダックカールをはずし、毛束のバック側と左サイド側も、毛束をつまみ出すようにしてくずす。

60 バックも、毛束のくずし方を調整して、バランスを整える。

59 仮留めをはずしたら、さらに毛束を引き出し、全体のバランスを整える。

58 再度、トップの表面にややキープ力のあるスプレーを吹きつけ、23で仮留めしておいたネジピンをはずす。

BASIC OF BASIC

できあがり

くらべてみよう!

82ページでつくったスタイルとくらべて、どこにどのようなアレンジが加えられたのかを確認しよう。

フロント

82ページでは、バングとトップをスリークな面に仕上げているため、クラシカルな印象。また、両サイドをタイトにつくっているので、トップのボリュームが際立っている。93ページでは、トップの毛束とフロントとの間にロープ編みをあしらい、フロントとトップの表面をくずしているため、丸みが強くつき、キュートで華やかに見える。

サイド

バック

82ページでは、左右のフォルムがほぼ同じで、バック、サイド、トップの毛流れが層のように美しく重なっている。93ページでも、フォルムはほぼシンメトリーに見えるが、トップの表面をくずし、編んだ毛束やカールした毛先が配置されたことによって、デザインにリズムが生まれている。

82ページでは、ひねり上げたバックと、ねじったトップの毛流れが、デザインの見せ場のひとつになっている。93ページでは、スリークなバックの面に、トップのくずしと、カールした毛先を組み合わせた。質感や動きが対比することによって、デザインにメリハリがきいている。

まとめ 逆毛の種類と目的

逆毛は、内側にすき毛を入れて結い上げるスタイルに欠かせない技術。
最後に、逆毛の種類とそれぞれの目的について整理しよう。

❹ トップにボリュームを出すときの地肌逆毛

トップにボリュームを出すときは、毛束を上に引き出して地肌逆毛を立てる。逆毛をしっかりと根元に押し込み、根元に立ち上がりをつける。

>> 70ページ
83ページ

❶ 地肌逆毛

おもに土台外側の内側に立てる「地肌逆毛」の目的は、すき毛と毛束のすき間をうめ、内側で毛束同士をからませること。ここに逆毛を立てることで、一束にまとめやすくなる。

>> 14ページ
58ページ

❺ ボリュームを出す逆毛

毛束の中間〜根元に逆毛を立て、地肌逆毛の上に逆毛を積み重ねることで、ボリュームを調整する。

>> 70ページ

❷ 方向性の逆毛

地肌逆毛を立てた毛束を持ち上げて、毛束外側（すき毛に接していない側）の中間〜毛先に逆毛を立てる。根元に方向性をつけ、結い上げやすくするのが目的。

>> 23ページ
61ページ

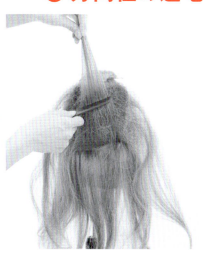

❻ つなぎの逆毛

逆毛を立てた後、最後に毛束の内側に軽く逆毛を立てることで、毛束同士のつながりを良くする。

>> 71ページ
83ページ

❸ からみ逆毛

シニヨンをつくる毛束の内側に立てる逆毛。毛束同士をからませることで、表面を割れにくくし、シニヨンの面を美しく仕上げられる。

>> 37ページ
46ページ

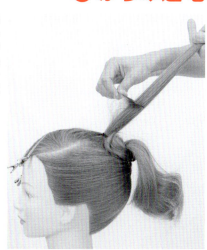

技術解説
高畑克己、久保一三 [FEERIE]

(左)たかばた・かつみ／1973年生まれ。福井県出身。大阪ベルェベル美容専門学校通信課程卒業。2000年、『FEERIE』入社。現在、同サロンのクリエイティブディレクターを務める。

(右)くぼ・いちぞう／1977年生まれ。富山県出身。石川県理容美容専門学校通信課程卒業。富山県内1店舗を経て、2001年、『FEERIE』入社。現在、同サロンのクリエイティブディレクターを務める。

デザイン／シラキハラメグミ

<<< BASIC OF BASIC

1タイトル1テクニックの基礎講座
BASIC OF BASIC 17
アップ 一束（すき毛あり）

2015年2月25日　初版発行

[定価] 本体1,100円＋税
[技術解説] 高畑克己、久保一三 [FEERIE]
[発行人] 寺口昇孝
[発行所] 株式会社女性モード社
〒161-0033 東京都新宿区下落合3-15-27
TEL.03-3953-0111 FAX.03-3953-0118
〒541-0043 大阪府大阪市中央区高麗橋1-5-14-603
TEL.06-6222-5129 FAX.06-6222-5357
http://www.j-mode.co.jp
[印刷・製本] 大日本印刷株式会社
©ARAI TADAO EXCELLENCE INC. 2015
Published by JOSEI MODE SHA CO.,LTD.
Printed in Japan 禁無断転載